Les catholiques et le sexe
Jean-Paul Lefebvre

LX-481 • 2-89381-404-2 • 192 pages

Jean-Paul Lefebvre propose des pistes de réflexion, ainsi qu'une morale crédible pour les jeunes générations qui cherchent leur voie. «Un ouvrage très instructif et franchement passionnant.» Stéphane Baillargeon, *Le Devoir*

LES CATHOLIQUES ET LE SEXE

Jean-Paul Lefebvre

LES CATHOLIQUES ET LE SEXE

QUI PROPOSERA UNE MORALE CRÉDIBLE?

Les Éditions
LOGIQUES

LOGIQUES est une maison d'édition reconnue par les organismes d'État responsables de la culture et des communications.

Révision linguistique: Hélène Belley, Corinne de Vailly
Mise en pages: André Lemelin
Graphisme de la couverture: Christian Campana

Distribution au Canada:
Logidisque inc., 1225, rue de Condé, Montréal (Québec) H3K 2E4
Téléphone: (514) 933-2225 • Télécopieur: (514) 933-2182

Distribution en France:
La Librairie du Québec, 30, rue Gay Lussac, 75005 Paris
Téléphone: (33) 1 43 54 49 02 • Télécopieur: (33) 1 43 54 39 15

Distribution en Belgique:
Diffusion Vander, avenue des Volontaires, 321, B-1150 Bruxelles
Téléphone: (32-2) 762-9804 • Télécopieur: (32-2) 762-0662

Distribution en Suisse:
Diffusion Transat s.a., route des Jeunes, 4 ter, C.P. 1210, 1211 Genève 26
Téléphone: (022) 342-7740 • Télécopieur: (022) 343-4646

Les Éditions LOGIQUES
1247, rue de Condé, Montréal (Québec) H3K 2E4
Téléphone: (514) 933-2225 • Télécopieur: (514) 933-3949

Les Éditions LOGIQUES / Bureau de Paris, 110, rue du Bac, 75007 Paris
Téléphone: (33) 1 42 84 14 52 • Télécopieur: (33)1 45 48 80 16

Les Catholiques et le sexe

Dépôt légal: Quatrième trimestre 1996
Bibliothèque nationale du Québec
Bibliothèque nationale du Canada

ISBN-2-89381-404-2
LX-481

À la mémoire de Dominique, l'aînée de mes onze petits-enfants, décédée accidentellement le 28 juillet 1996, à l'âge de vingt-trois ans.

À tous les jeunes qui cherchent Dieu, sans vouloir renoncer aux valeurs de la modernité... Si le magistère de l'Église catholique, dont je suis un membre souffrant, persiste à ne rien comprendre aux amours humaines, il aura largement contribué à déformer le message du Christ aux hommes et aux femmes de tous temps. Quel paradoxe!

Sommaire

Introduction
En terre de liberté, la culture cléricale étouffe l'Église catholique

Pour coiffer cet ensemble de réflexions sur les catholiques et le sexe et les situer dans le contexte de la société moderne, je formulerai cinq propositions:

1ʳᵉ proposition

L'Église est constituée de pécheurs et de pécheresses. De la base au sommet. Potentiellement. Pour l'instant, il n'y a pas de pécheresse au sommet puisqu'il n'y a pas de femmes. On l'aura noté, il y a une certaine hiérarchie de fonctions dans la grande communauté des chrétiens. Ce serait cependant une erreur de croire et une imposture de prétendre que la vertu est concentrée vers le haut de la pyramide et que les péchés sont entassés à la base. Ni la science ni l'autorité ne crée la vertu. L'Esprit souffle sur tous. Si l'on croit cela, on se sent plus à l'aise pour s'exprimer en tant que pécheur ordinaire néanmoins baptisé et admis dans la grande communion des chrétiens.

> Seul le charpentier de Nazareth, Dieu fait homme, se distingue vraiment. À Lui, honneur et gloire. Les autres sont au nombre des mortels et pèchent, au moins, sept fois par jour!

Depuis la création originelle, en passant par le *Big Bang*, et jusqu'au XIXe siècle, tous les hommes étaient réputés faillibles. Les femmes aussi. À plus forte raison, compte tenu de la culture patriarcale qui a sévi dans la plupart des civilisations connues jusqu'à maintenant. Mais, en 1870, le concile Vatican I a décrété que l'évêque de Rome, dans certaines circonstances, était infaillible! Un siècle plus tard, moins quelques poussières, le concile Vatican II a précisé que cette prérogative, dans certaines circonstances, était aussi l'apanage du collège épiscopal, voire du Peuple de Dieu tout entier. Ce qui faisait partager le privilège de l'infaillibilité à tous les pécheurs: ordinaires, plus instruits ou plus haut perchés dans la hiérarchie.

Tout récemment, le pape actuel a déclaré que les femmes ne pourraient *jamais* être assez égales aux hommes pour accéder aux ministères ordonnés. Puis, le cardinal Ratzinger, après mûre réflexion, a déclaré que le pape, lorsqu'il a fait sa déclaration sur la non admissibilité des femmes au sacerdoce, était certainement infaillible. Et le bon cardinal d'ajouter qu'il avait fait ratifier par le pape lui-même le fait de cette infaillibilité non proclamée dans le texte officiel!

Cette infaillibilité rétroactive et non révisable par les successeurs, jointe à l'interdiction de discuter davantage de l'ordination des femmes ont eu un effet imprévu par Rome, mais prévisible par les pécheurs ordinaires. Elle a enflammé le débat sur l'ordination des femmes et remisé aux archives la question de l'infaillibilité. C'est pourquoi j'avais résolu de n'en point parler. Mais, puisque le sujet défendu, c'est l'ordination des femmes, que la défense de Rome s'est avérée sans effet et que la question de l'infaillibilité n'a pas reçu l'attention qu'elle mérite, je me vois forcé de débattre brièvement des deux questions. Pertinence oblige!

2ᵉ proposition

L'humanité séculière a mis plusieurs millénaires à reconnaître, encore qu'imparfaitement, le principe et le fait de l'égalité fondamentale des humains. (Indépendamment de leur race, de leur condition économique et, plus récemment, de leur sexe.) Cette reconnaissance a eu des effets importants: 1) elle a établi la notion de citoyen; 2) elle est à l'origine de l'esprit démocratique; 3) plus récemment, elle a bouleversé les relations entre les hommes et les femmes, dans le couple et dans la société.

Notons qu'à la naissance du Christ, la notion d'égalité était absente, et de la société civile et des relations entre hommes et femmes. Ce «détail» a échappé, semble-t-il, aux théologiens habitant aujourd'hui dans la région de Rome, une région dont il est beaucoup question dans le Nouveau Testament.

3ᵉ proposition
La culture cléricale, actuellement dominante au sein de notre Église, s'avère imperméable, allergique et paniquée devant le concept de l'égalité fondamentale de tous les humains.

Je parle de la «culture cléricale», comme on dit la «culture paysanne» ou la «culture médiévale», ce qui n'implique pas nécessairement tous les clercs. On sait bien que l'exception confirme la règle. D'ailleurs, je citerai plusieurs exemples de clercs qui ont manifesté dans leurs écrits une compréhension parfaite des erreurs passées et présentes du magistère de l'Église. D'autres clercs se sont révélés des pasteurs sensibles aux valeurs proprement laïques et ont manifesté envers les membres du Peuple de Dieu la compassion dont le Christ a donné l'exemple. Ces théologiens et ces pasteurs ne sauraient se sentir visés par ma critique de la «culture cléricale».

Si l'Église n'avait pas été perturbée dans son évolution par sa fréquentation des empereurs et des monarques, si elle avait suivi les modèles établis par les premières communautés chrétiennes (qui élisaient leurs pasteurs et confiaient aux femmes de grandes responsabilités), et surtout, si elle avait été plus fidèle à l'exemple du Christ dans ses relations avec les hommes et les femmes de son temps, elle aurait été, tout normalement, à l'avant-garde des forces qui ont conduit à la notion d'égalité fondamentale des humains. N'a-t-elle pas toujours affirmé que Dieu a voulu l'homme à son image (en dépit de la transition par le singe, une astuce du Créateur pour nous encourager à l'humilité!)? Comment Dieu aurait-il pu accepter de faire apparaître sur terre des images inégalement dignes de leur divin modèle?

4ᵉ proposition

Dans une large partie du monde moderne, la notion d'égalité de nature et de droit est devenue la pierre d'angle de la culture et son rejet de *facto* par le magistère de l'Église risque de créer un affrontement définitif entre le monde moderne et l'Église. Affrontement de type pacifique, qui consiste en un abandon de l'institution ecclésiale par l'immense majorité de ses membres,

---

— dans plusieurs pays de vieille culture chrétienne, de 70 % à 90 % des baptisés ont déjà tiré leur révérence, sauf pour la dernière visite, celle qui requiert des porteurs;

— la plus grande partie de ceux et celles qui restent sont membres de l'âge d'or et se préparent à cet ultime rite de passage;

— si bien qu'en 2025 il ne restera plus beaucoup
de monde pour payer le chauffage des grands
temples vides, ni surtout pour maintenir vivante
une institution qui a pour mission d'actualiser,
jusqu'à la fin des temps, le message éternel du
Christ. Il ne restera plus grand monde... à
moins que les laïcs se réveillent;

— déjà, on aura noté l'indifférence croissante de la
société séculière et des médias à l'égard d'une
Église dont nous avons pourtant hérité une
bonne partie de nos racines culturelles. On traite
le christianisme comme un élément du folklore!

5ᵉ proposition
Dans l'analyse du divorce entre l'Église et la
modernité il faut accorder un statut spécial à la
question de la vie sexuelle. Phénomène central de
la culture, au sens anthropologique du terme, la
sexualité a subi à l'époque moderne une transfor-
mation radicale.

La promotion de la femme s'est réalisée à un
rythme fulgurant au regard de l'histoire, même si des
blocages majeurs subsistent et en dépit du langage
publicitaire qui continue d'afficher la femme-objet.
Le nouveau statut de la femme a modifié en profondeur les relations hommes-femmes dans ce qu'elles
comportent de plus intime. Si les femmes tendent à
devenir égales à l'homme au bureau, à l'usine, au

Parlement, au prétoire, elles le deviennent aussi dans le lit et dans toutes les dimensions de la vie amoureuse.

Plus j'y réfléchis, plus je me demande si la promotion de la femme ne constitue pas la révolution la plus fondamentale de tous les temps? Mais il reste beaucoup à faire. Les hommes doivent s'adapter aux nouvelles femmes, sans quoi la réconciliation demeurera problématique. Certains esprits pessimistes prétendent même que nous pourrions connaître une période de matriarcat avant d'atteindre l'équilibre souhaitable. Quant au magistère de l'Église, il est peut-être la seule institution importante, du moins en Occident, à ne même pas avoir commencé à comprendre que le monde ne sera plus jamais le même et que la véritable égalité des sexes est désormais inscrites dans les valeurs fondamentales, non négociables, pour ceux et celles qui croient à la liberté des enfants de Dieu, comme pour ceux qui ne croit pas en Dieu. Le premier pas, pour l'Église institution, sera de se libérer du vieux tabou sexuel dont elle a hérité des Grecs et des Romains. Ce tabou est la véritable source de sa peur maladive des femmes.

Les réflexions qui suivent sont le prolongement d'une série d'articles publiés dans plusieurs quotidiens ou périodiques de langue française, au Québec et en Acadie. Cette publication m'a permis de découvrir le grand intérêt des croyant(e)s, pour une révision du catéchisme de l'Église catholique sur les questions de morale sexuelle. Les nombreuses réactions qui me sont parvenues m'ont aussi convaincu que les non-croyants recherchent, eux aussi, un guide crédible pour orienter les nouvelles générations dans leurs amours humaines.

Dans le cadre d'un livre, il est possible de fournir une argumentation mieux documentée qu'on peut le faire dans de brefs articles. Mais, comme je cherche à communiquer avec le monde ordinaire et non avec un public spécialisé, j'ai décidé d'offrir deux pistes de lecture. Les gens pressés pourront lire mon plaidoyer sans s'arrêter aux témoignages des théologiens, des philosophes ou des évêques qui sont généralement regroupés à la fin des chapitres. Les plus curieux auront droit à un parcours légèrement plus long mais aussi plus instructif. Autre supplément d'information: quelques lettres de lecteurs qui ont commenté mes articles dans les journaux et ma réaction à leurs critiques.

Chapitre 1
Les amants et la gloire de Dieu

L'Église doit encourager ses fidèles à devenir de meilleurs amants; plus enjoués, plus passionnés, plus habiles, plus provocateurs. Meilleurs amants ils seront, plus ils se rapprocheront de Dieu et plus ils révéleront Dieu.

C ETTE invitation est formulée dans un ouvrage écrit conjointement par Andrew M. Greely, prêtre et sociologue bien connu et sa sœur Mary Greely Durkin, théologienne, laïque et mariée.[1] Beaucoup de couples catholiques de par le monde partagent certainement ce point de vue. Ils trouvent leur inspiration dans leur propre expérience de vie mais aussi dans les textes fondateurs de la tradition chrétienne. Déjà, l'auteur inspiré de la Genèse a écrit: «L'homme laisse son père et sa mère pour s'attacher à sa femme et ILS DEVIENNENT UNE SEULE CHAIR».

Les couples qui ont fréquenté la Bible ont pu trouver une inspiration dans le *Cantique des cantiques*:

Lui:
Que tu es belle, ma compagne! Que tu es belle!
Tes yeux sont des colombes à travers ton voile.
[...] Comme un ruban écarlate sont tes lèvres,
et ta babillarde est jolie, [...]
Tes deux seins sont comme deux faons, jumeaux
d'une gazelle qui paissent parmi les lis.
[...] Tu me rends fou, ma sœur, ô fiancée,
Tu me rends fou par une seule de tes œillades,
par un seul cercle de tes colliers.
Que tes caresses sont belles, ma sœur, ô fiancée
Que tes caresses sont meilleures que du vin.

Elle:
Je suis une fontaine de jardins,
un puits d'eaux courantes,
ruisselant du Liban!
Éveille-toi, Aquilon! Viens, Autant!
Fais respirer mon jardin
et que ses baumes ruissellent!
Que mon chéri vienne à son jardin
et en mange les fruits de choix!

Pour saisir toute la portée de ce texte, il est préférable de le lire en entier, y compris les notes qui nous aident à transposer ce merveilleux poème en langage moderne. Je ne conseillerais pas à un nouveau marié de l'apprendre par cœur... Un amour sincère sait trouver ses mots et ses gestes.

Le théologien américain Mathew Fox affirme:

Le Cantique des cantiques, comme d'autres livres
de la Bible, célèbre l'amour comme une théophanie; comme une expérience mystique du divin

dans l'acte même de faire l'amour. Mais à partir de saint Augustin, la tradition théologique dominante a, au cours des siècles, réduit ces textes à une simple métaphore de l'amour de Dieu pour l'huma nité. Or, c'est une réduction que dément toute la tradition juive. Si, sur ce plan, nous abandonnons enfin saint Augustin, nous pourrons redécouvrir cette théophanie de la sexualité qui nous est indispensable pour vivre.[2]

Abandonner saint Augustin en matière de morale sexuelle, il y a bien longtemps que l'Église aurait dû le faire! Ce qui n'aurait pas empêché de garder vivantes d'autres parties, moins périssables, de son œuvre. Que les circonstances de la vie d'Augustin, au IVe siècle, et l'héritage culturel de son époque lui aient inculqué une peur obsessive de la sexualité, on peut le comprendre. Que le magistère de l'Église ait conservé jusqu'à l'époque moderne une pensée aussi limitée, une véritable hantise du plaisir sexuel, est beaucoup plus difficile à justifier.

Si l'on veut une preuve des excès de culpabilité que ses péchés de jeunesse occasionnèrent au saint homme, il suffira de rappeler l'explication qu'il donnait du fait qu'à l'ère chrétienne, contrairement à ce qui se passait dans l'Ancien Testament, on ne permettait plus le mariage entre cousins germains. La raison en était, selon lui:

> qu'on ne peut approcher une personne à qui l'on doit déférence et respect en raison de sa parenté avec des sentiments de concupiscence impurs,

même si ceux-ci servent la cause de la procréation![3]

La pensée d'Augustin, si riche dans d'autres domaines, si pauvre en matière de sexualité, a marqué la tradition de l'Église jusqu'à aujourd'hui. Dans son livre: *La chair, le diable et le confesseur*[4], Guy Bechtel écrit:

> Beaucoup de théologiens ont considéré le mariage comme un lieu de perdition et l'ont longtemps placé sous haute surveillance. Saint Bernardin déclara au XVe siècle que, sur 1 000 mariages, 999 appartenaient au diable, et cela sans même viser la contraception, peut-être rare à son époque, mais simplement pour dénoncer la passion trop ardente des époux. L'amour restait bien, pour la tradition stoïcienne et augustinienne, un sentiment suspect.

Les théologiens ont mis quelque temps à en arriver à comprendre que les époux-amants accomplissaient la gloire de Dieu. Suivons le savoureux récit de Bechtel:

> Au Moyen Âge, à la Renaissance, on condamnait, même dans les rapports entre gens mariés, ce qu'on appelait «l'impétuosité», et le mot amour ne désignait alors rien d'autre. L'amoureux était celui qui était forcément trop amoureux, trop pétri de désirs, et cela ne fut, dans toute l'histoire de l'Église, jamais jugé bon, ni moralement ni médicalement.

Ce n'est pas d'hier, comme on peut le voir ici, que des porte-parole de l'Église confondent théologie et médecine!

La tradition de notre Église sur les questions de morale sexuelle est proprement incroyable. J'ai lu plus d'un auteur sur le sujet et les témoignages sont concordants. Certes, il faut toujours replacer une citation dans son époque. Mais l'histoire a parfois tendance à se répéter indéfiniment. Je ne serais pas surpris si vous trouviez dans le récit qui va suivre, une quelconque ressemblance avec ce qui est arrivé à votre grand-mère ou à une vieille cousine. L'auteur de l'exhortation que cite ici Bechtel fut archevêque de Cuba et confesseur de Sa Magesté Isabelle II. Le livre dont on reproduit ici un passage a été publié à Barcelone en 1880 et traduit en français, à Paris, en 1990. Mgr Antonio Maria Claret écrit donc à ses ouailles de sexe féminin:

> Considérez, ma très chère sœur, qu'un mari qui chérit sa femme et ressent pour elle une grande passion, ne peut garder la continence. Vous êtes tenue, sous peine de très grave péché, de lui ouvrir vos bras et de donner satisfaction à ses sens. Pour me faire comprendre de vous, je vais appuyer mon raisonnement sur une comparaison. Si, par exemple, vous vous trouviez prise d'un gros besoin, et si, ayant exprimé à votre mari le désir de satisfaire aux nécessités de la nature, celui-ci vous engageait à remettre la chose au lendemain ou à huit jours de là, vous vous diriez assurément que votre mari est un imprudent ou un imbécile, qu'il vous est absolument impossible d'attendre au lendemain, et vous iriez déposer votre «mierda» dans un lieu quelconque. La situation dans laquelle

se trouve votre mari est tout à fait semblable à celle qui se produirait dans ma comparaison: et si vous refusiez de le recevoir, il ira répandre son sperme dans un autre vase que le vôtre, et vous porterez le péché de son incontinence.

Hors le mauvais goût de la comparaison, la «théologie» morale enseignée ici ne date pas tellement. En plusieurs pays, elle était encore en vigueur à la veille du Concile Vatican II.

Si vous voulez bien me suivre, nous tenterons de découvrir, à la lumière de l'histoire, mais aussi à travers la vie que vous et moi nous connaissons et nous goûtons, comment peuvent réagir des catholiques d'aujourd'hui face aux pulsions sexuelles et à l'amour. Cet exercice concerne aussi les non-croyants. Les catholiques ne sont pas les seuls à qui la sexualité pose problème en notre fin de siècle où les valeurs nouvelles et anciennes s'entrechoquent, parfois avec bonheur, parfois dans un certain fracas.

Le témoignage d'un théologien et philosophe

Jean-Paul Audet

À propos du sens à donner au *Cantique des cantiques*, j'ai déjà mentionné le point de vue du théologien américain Mathew Fox. J'aimerais rappeler ici le témoignage concordant d'un autre théologien et philosophe, un Canadien cette fois:

> Ainsi, bien loin d'inviter à une lecture figurée du *Cantique*... appuyée sur les prophètes, la tradition juive ancienne suggère, au contraire, dès le point de départ, et avant toute hypothèse définie, d'adopter le groupe des écrits sapientiaux comme cadre général d'interprétation. Il faudrait même préciser: le groupe réduit des plus anciens écrits salomoniens, les *Proverbes* et l'*Ecclésiaste*. [...]
> Le *Cantique* a d'abord été un chant, et lié à l'un des grands moments de l'institution domestique: le mariage. [...]
> Les célébrations nuptiales où l'on entend les appels du fiancé et de la fiancée, tels qu'ils se déploient dans le *Cantique,* sont le signe même du retour de la faveur de Dieu pour son peuple[5].

Chapitre 2
L'héritage d'Augustin; l'amant repenti devenu l'un des Pères de l'Église

A UGUSTIN eut deux maîtresses avant de devenir évêque. Les fautes de jeunesse de ce grand penseur du IVe siècle ont marqué la conscience de leur auteur et celle de toute l'Église. Et pour longtemps. Il fallut attendre la deuxième moitié de notre siècle pour qu'un changement important se produise. L'Église, ce n'est pas le pape et les évêques seuls, mais le Peuple de Dieu, c'est-à-dire l'ensemble des baptisés. Or, à notre époque, personne, vraiment, ne peut parler au nom de l'ensemble des catholiques sur la question vitale de la sexualité. Demandez à vos amis qui se disent catholiques s'ils sont d'accord avec le pape actuel sur ces questions. Une très faible minorité vous répondra par l'affirmative. La plupart des évêques ne vous diront rien car ils ne se sentent pas libres de parler. Malheureusement! Quant aux membres du clergé, il serait fort intéressant qu'un sondage nous informe dans quelle proportion ils se partagent, sur une question comme la contraception, par exemple. Je parierais volontiers entre 60 % et 75 % des voix contre la position de Rome.

Dans de telles circonstances, il est troublant, c'est le moins que l'on puisse dire, de voir le Vatican s'allier aux pays les plus conservateurs du monde pour défendre, dans les conférences internationales de l'O.N.U., des positions qu'une très forte proportion des catholiques récuse. Faut-il s'étonner que la Coalition nationale des religieuses américaines ait appuyé une pétition auprès de l'Organisation des Nations Unies demandant que «l'État du Vatican» se voit retirer son statut de membre des Nations Unies?

Chaque catholique a le droit de dire comment il perçoit le message évangélique en rapport avec le plaisir sexuel; un plaisir qui a été voulu par le Créateur tout comme celui de la bonne bouffe, de la belle musique, du soleil qui nous réchauffe, des oiseaux qui nous éblouissent de leur plumage et de leur chant.

Si l'on veut comprendre la profondeur des blocages de l'Église en rapport avec les questions sexuelles au cours des vingt siècles de son histoire, le chemin le plus instructif est celui du confessionnal. Le grand historien chrétien Jean Delumeau a écrit:

> Le rigorisme au confessionnal, qui était encore souvent la règle au début du XIXe siècle, fut alors une cause importante de la désertion des sacrements[6].

Au Québec, le même phénomène se produisit, mais un siècle plus tard. On continua, jusqu'au milieu des années cinquante, à interroger les couples sur leur vie sexuelle d'une façon qui devenait de moins en moins acceptable à mesure que les laïcs s'éveillaient à l'écart grandissant entre la morale officielle de l'Église et leur expérience de vie et affermissaient leur conscience personnelle.

Parfois cette responsabilisation des laïcs était supportée par la sagesse de théologiens d'avant-garde vivant déjà dans l'esprit du Concile à venir. Mais n'anticipons pas.

Au Moyen Âge, saint Bernardin, auquel nous avons déjà fait référence, disait aussi que: «L'œil n'a pas été fait pour le mariage. Dans lequel il n'est pas toujours permis de considérer ce que l'on est pourtant admis à toucher.»

> Sans le dire, il laissait ainsi entendre que les familiarités de l'amour devaient se faire dans le noir. Il alla jusqu'à conseiller aux veuves de dormir habillées parce que, dans leur état, un regard sur elles-mêmes était impudique. En tout cas, tout regard appuyé devait faire l'objet d'un rapport au confesseur: «Pour rassasier tes yeux déshonnêtes, dit encore saint Bernardin, tu fais un très grand péché. Or, dis-moi, t'en es-tu confessé? Alors, va et confesse-toi[7]!

Même à la Renaissance, on conseillait, dans les instructions aux confesseurs, de chercher à savoir si l'homme ne se serait pas marié par amour plutôt que par volonté de procréer! Les rapports trop fréquents et trop affectueux étaient défendus... De l'histoire ancienne?

Une chose est certaine, la juste place de la femme dans l'Église constitue le plus grand défi que devra affronter le prochain pape. Du moins en ce qui concerne le monde occidental. Mais il partira de loin, de très loin.

> Benedicti, le théologien lyonnais du XVIe siècle fait la démonstration éblouissante de tous ses défauts en analysant les lettres qui composent le mot femme en latin: (MVLIER) M indique le Mal; V, la Vanité des vanités; L, la luxure; I dénote l'Ire que les femmes nourrissent, c'est-à-dire la colère, qui est leur péché mignon. E les désigne comme Erinnyes, furies légendaires et déesses de la Vengeance; la lettre R enfin montre qu'elles ne peuvent conduire qu'à la Ruine des ruines[8].

Chapitre 3
Deux en une seule chair: un défi passionnant!

L E Christ a très peu parlé de sexualité. Pour être plus précis, disons que ceux qui se sont chargés de nous rapporter ses paroles ont été pratiquement muets sur ce thème. Cela n'a pas empêché l'Église de produire des montagnes d'édits, de mandements, de pénitenciels, d'encycliques et autres ordonnances ou exhortations en vue de régler la vie sexuelle de ses fidèles. On a dit et je le confirme (sic) que cela relève de l'obsession! Heureusement, les historiens et théologiens commencent à nous expliquer que cela n'avait rien à voir avec la religion mais relevait, du moins en partie, d'un vieil héritage culturel, antérieur à l'ère chrétienne. Ainsi, la glorification de la virginité et le mépris de la sexualité auraient été très populaires chez les Grecs. C'est donc avec cette tradition en tête que les disciples de Jésus auraient interprété son rappel de la Genèse: «Ils seront deux en une seule chair» comme une sorte de permission, de dérogation. Cette interprétation était encore à la mode lorsque j'étais au collège, il y a moins d'un siècle!

Or, la vocation commune à former un couple n'est pas une permission, c'est l'un des défis les plus passionnants que la nature (et Dieu, derrière elle, aux yeux des croyants) pose à l'ensemble de l'humanité. C'est la virginité ou le célibat qui sont des exceptions, pour lesquelles il vaut mieux avoir des motifs sérieux si l'on veut éviter la frustration. Mais si l'âme sœur demeure introuvable, alors il s'agit d'une épreuve majeure.

Les amants d'un jour, ou du premier jour, ne sont pas près d'être «deux dans une seule chair». Du moins pas s'ils se considèrent comme des êtres raisonnables, sensibles, différents... Chez l'humain, le corps et l'âme sont indissociables. L'amour à l'intérieur d'un couple exige une longue fréquentation. Quelqu'un qui entre dans une forêt pour la première fois risque d'écraser quelques fleurs d'une beauté exceptionnelle, de ne pas distinguer le chant de la mésange de celui du merle bleu.. et bien d'autres erreurs d'apprentissage. Deux êtres humains comportent beaucoup plus de mystères que tous les êtres qui vivent en forêt. C'est pourquoi l'arrimage d'un couple est une œuvre de passion... et de patience! Qui requiert aussi beaucoup de modestie. Car il ne faut jamais tenir la permanence du couple pour acquise. «Les vieilles granges brûlent plus vite»; disait mon grand-père.

Lorsque le Christ a recommandé à ses disciples de *ne pas séparer ce que Dieu a uni*, il plaidait pour la permanence du couple, comme le fait discrètement la loi naturelle. Lorsque des enfants naissent d'un amour partagé, leur bien-être requiert, de façon générale, la permanence du couple. Mais l'épanouissement des époux-amants appelle aussi la durée. Il est loin d'être évident que l'amour libre rende les gens plus heureux, particulièrement à long terme! Et qui peut se désintéresser du long terme? Ne s'en préoccupe-t-on pas pour sa sécurité financière? À plus forte raison faut-il planifier sa sécurité affective.

L'harmonie sexuelle à l'intérieur du couple, qu'elle se produise dès le début ou qu'elle soit gagnée par une longue patience constituera, tout au long de la vie, l'un des éléments indispensables au bonheur des conjoints. Sans elle, la fidélité sera plus difficile à maintenir... jusqu'à la mort. Car c'est là le défi. Hors les situations de maladie mentale ou physique la vie amoureuse aura sa place à tous les âges de la vie du couple. Toujours aussi bénéfique, réparatrice, stimulante. Le plaisir qu'elle procure, comme tous les autres plaisirs voulus par le Créateur, est un baume qui compense les petites et grandes misères, les petites et grandes épreuves que toute vie comporte. Le stoïcisme et l'auto-flagellation ne sauraient être des composantes d'une spiritualité laïque. Les grossesses, les contrariétés, les maladies, les charges familiales et professionnelles, constituent autant de nuages au calendrier de la vie amoureuse. Une bonne raison pour ne pas ajouter des cumulo-nimbus artificiels, fabriqués par des moralistes fixés à une tradition de refus ou de mépris des plaisirs de la chair!

Vivre deux en une seule chair ne saurait signifier une fusion des deux conjoints, ni la subordination de l'un à l'autre. Ils restent «deux personnes» en une seule chair. À cet égard, on peut se demander si l'union inégale imposée aux couples par la culture religieuse et la culture tout court avant les années cinquante n'était pas profondément immorale? Elle le serait certainement au regard des connaissances et des valeurs modernes. La notion d'égalité des personnes n'était respectée ni dans le lit conjugal ni ailleurs dans le vie du couple.

L'histoire de l'Église catholique est remplie de la mentalité patriarcale, machiste comme on dirait aujourd'hui. Un héritage qui remonte plus loin que l'ère chrétienne, comme nous l'avons déjà signalé. Le Concile Vatican II avait amorcé une libération de cette véritable chape de plomb qui a beaucoup pesé sur les communautés chrétiennes jusqu'à nos jours. Mais cette libération a été mise sous le boisseau par la bureaucratie vaticane.

Nous sommes maintenant à l'aube du troisième millénaire. Pour la première fois dans l'histoire de l'humanité, la société civile reconnaît l'égalité fondamentale de l'homme et de la femme. La psychologie et la psychanalyse nous permettent de mieux comprendre la place primordiale que tient la sexualité dans l'équilibre affectif des humains. L'heure est venue où tous les hommes et toutes les femmes, à plus forte raison ceux et celles qui croient au Christ et à son message de salut, sont convié(e)s à former des couples qui vivent une vie sexuelle épanouie en toute bonne conscience et tentent d'en faire l'expérience de toute une vie. Ces baptisé(e)s doivent suivre leur conscience et se libérer d'une morale pointilleuse et surannée.

Le point de vue d'un théologien et philosophe

Maurice Bellet

Je connais chez certain ou certaine, une «éthique» de l'amour qui déconcerte. En vérité, cette vraie morale se moque de la morale; elle est bien par-delà. J'en esquisse quelques traits. D'abord, c'est donné, c'est donné pour toujours. C'est éternel. C'est d'une pudeur absolue: rien pour le dehors, pour le spectacle. Même entre ceux qui s'aiment. Tout ce qui dit la tendresse dit la tendresse: est donc bon. Je ne dis pas: est permis — que signifie ici de demander la permission? Seul le voyeur met des noms et juge pour s'en exciter ou condamner (est-ce tellement différent?)
[...] Tout est bon de ce qui dit l'amour et la tendresse. Mais le geste le plus ténu, le face à face le plus discret, la présence la plus silencieuse,

peuvent y être forts et parfaits. Jusque dans l'intimité la plus proche et la plus chaude, le meilleur est ce qui se passe par-delà le désir d'assouvissement et se tient, comme immobile, dans le suspend de la pure présence. La joie de l'amour est la présence. La grande épreuve est l'absence, la séparation. Mais elle ne peut que creuser l'amour, démolir ses fondations pour joindre un peu plus la racine de l'être. [...] L'amour est fidélité, une fidélité plus puissante que la mort. Il donne vie à ce que nous espérons d'éternité. Le visage de l'aimé ou de l'aimée est beauté par-delà: transfiguration de la chair, dans la lumière de la brûlante tendresse. Même vieillissant, perclus, le corps aimé est encore cette parole unique à moi dite, qui me réconcilie avec ma propre chair.»[9]

Chapitre 4
La conscience:
une découverte des années 60?

L'ÉGLISE catholique a toujours été une institution très centralisée et, le plus souvent, très autoritaire. Surtout depuis qu'elle s'est frottée à l'empire de Constantin. Car les premières communautés chrétiennes furent des modèles de démocratie qui accomplirent le tour de force de vivre dans un climat d'égalité de tous et de toutes sous le régime d'empereurs romains aussi dictatoriaux que Constantin, mais opposés à la foi chrétienne. Au contact de son tout-puissant protecteur, le magistère de l'Église devait contracter un certain goût pour l'autoritarisme, dont il a grand peine à se débarrasser. Toujours est-il qu'au début des années soixante, de notre ère, (excusez la rapidité du voyage!) un phénomène très intéressant devait se produire. Le cardinal Angelo Roncalli, vieux saint homme s'il en fût jamais, se vit propulsé sur le siège de Pierre. Le nouveau pape, candidat de compromis, et de transition, décida de «balayer la poussière impériale» qui s'était accumulée au cours des siècles sur la cité vaticane et sur toute l'Église. Élu pape à soixante-dix-sept ans, il eut tôt fait, sous l'inspiration du Saint-Esprit, pensent les croyants (d'autres pourront croire qu'il s'agit d'un geste de sagesse paysanne) de convoquer les évêques du monde entier à se réunir en Concile. Son intention avouée était de provoquer une confrontation entre la bureaucratie vaticane et les hommes de terrain car il pressentait un écart grandissant entre les positions pastorales et doctrinales proposées par Rome et les réalités du monde moderne auxquelles les évêques diocésains devaient faire face. L'une de ces réalités était la tendance universelle vers la liberté dans tous les domaines, y compris dans la vie amoureuse au sein des couples.

Avant même que les évêques tentent d'établir un dialogue ouvert sur ces questions, des couples chrétiens, aux quatre coins de la terre, avaient réalisé leur propre *aggiornamento* et avaient conclu que la morale sexuelle prêchée à temps et à contretemps par le magistère de l'Église n'était tout simplement plus crédible. Elle contrevenait à l'égalité des sexes, à la spiritualité laïque et à la psychologie du couple. L'acharnement de beaucoup de confesseurs à se comporter comme de véritables caméras cachées dans les chambres à coucher devenait intolérable. Pour ces raisons, beaucoup de catholiques avaient déjà abandonné la pratique religieuse. Un certain nombre de couples décidèrent plutôt de se laisser guider par leur conscience. Cette «découverte» de l'autonomie de la conscience individuelle fut d'ailleurs soutenue par plusieurs théologiens renommés. Avec les couples qu'ils conseillaient ou appuyaient, ils ouvraient la voie à une position doctrinale que le Concile des évêques allait bientôt adopter à Rome, que l'on nomma le *sensus fidelium*. On précisa que la foi chrétienne était un don de Jésus-Christ et de son Esprit et que le sens de la foi permettait aux fidèles de bénéficier d'une intuition interne, d'un mode de connaissance leur permettant de se guider eux-mêmes dans leur vie de foi.

L'assemblée conciliaire réunit à Rome plus de 3 000 évêques et 450 experts venant de 145 pays. Ses délibérations s'étendirent sur trois années, de décembre 1962 à décembre 1965. Le Concile réussit à «balayer la poussière impériale» dans plusieurs volets de la tradition de l'Église. Sur les problèmes reliés à la sexualité, il ne put qu'entendre quelques discours précurseurs, dont ceux des cardinaux Jules Léger, archevêque de Montréal et Suenens, primat de Belgique. Le bon pape Jean XXIII, de crainte de provoquer une scission dans l'Église, jugea nécessaire d'employer une technique souvent utilisée par les hommes politiques, il nomma un comité pour étudier les questions relatives à la planification familiale. Il mourut peu de temps après ce geste, si bien que l'on ne sait pas ce qu'il aurait fait du rapport de son Comité d'études. Ce que l'on sait trop bien, par ailleurs, c'est ce qu'en fît son successeur. Paul VI voulut d'abord élargir les cadres de la Commission pontificale d'études. Il y adjoignit, non seulement des théologiens mais des évêques, quelques cardinaux, des psychologues, des médecins, etc. En quelques années, le nombre des personnes impliquées passa de cinq à cinquante. Finalement, à la fin de l'année 1966, la Commission remit son rapport. Il était révolutionnaire en regard de la tradition séculaire de l'Église. On pourrait le résumer en une phrase: «Les rapports inféconds entre époux forment avec le rapport fécond un tout et reçoivent avec lui une seule qualification morale.»

Cette seule phrase modifiait de façon radicale le jugement moral de l'Église sur la vie sexuelle et constituait une reconnaissance pratique et fondamentale de la liberté de conscience des chrétiens engagés dans une vie de couple. Elle balayait des centaines de pénitenciels, de manuels à l'intention des confesseurs et plusieurs encycliques pontificales, mais elle rejoignait la réalité de la vie. Cette phrase eut sans doute été approuvée par le bon pape Jean XXIII. Les observateurs avertis sont aussi convaincus qu'elle aurait été votée par une majorité du Collège épiscopal si le Concile n'avait pas déjà pris fin, quelques mois plus tôt. Au lieu de cela, il arriva ce que le cardinal Suenens avait prédit, nous eûmes droit à la lettre encyclique dite «de la pilule», *Humanae vitae* et au schisme objectif qui divise encore l'Église. Paul VI, successeur de Jean XXIII, un homme d'une grande intelligence et qui fut, quand même, un grand pape, a signé l'erreur de son pontificat en préférant les conseils de l'aile conservatrice de l'Église au rapport fortement représentatif de la communauté chrétienne qui lui avait recommandé l'ouverture vers la réalité du présent et vers l'avenir. Il a ainsi lancé l'Église dans un cul-de-sac au plan pastoral. Car cette position, dont le cardinal Wojtyla, le pape actuel, a été, nous le savons aujourd'hui, le plus ardent défenseur auprès de l'hésitant Paul VI, n'est pas reçue du Peuple de Dieu. Elle contribue à vider les temples et à détruire la crédibilité de l'Église. La solution de ce schisme objectif qui divise l'Église passe par une prise de parole des baptisés.

Ceux-ci doivent toutefois être pleinement conscients du fait que la culture cléricale a été marquée par des siècles et des siècles d'obsession du plaisir sexuel. Pour se faire entendre, les laïcs devront parler clairement et avec toute la conviction dont ils sont capables. Aujourd'hui comme au temps du Concile, ils pourront compter sur l'appui d'un grand nombre de théologiens et de théologiennes. Ce n'est pas pour rien que Paul VI a eu peur de s'attaquer de front à la tradition.

J'ai fait allusion plus haut aux pénitenciels mis à la disposition des confesseurs. En voici un exemple. À l'époque de l'Inquisition, les auteurs du *Marteau des sorcières (1487)*:

43

Exigeaient déjà la peine de mort en cas de contraception, notamment de sortilèges entraînant impuissance et stérilité ou de distribution de breuvages anticonceptionnels. Sixte Quint menaça d'excommunication et de mort tous ceux qui procureraient ou absorberaient des substances contraceptives (médicaments maudits) ainsi que ceux qui opéreraient des avortements, dès l'instant de la conception. Après la mort de Sixte Quint, la bulle «Effraenatam» fut abolie en 1591 par le deuxième successeur du pape, Grégoire XIV, c'est-à-dire que de nouveau l'avortement ne fut possible d'une peine d'excommunication qu'après un délai de quatre-vingts jours.[10]

Comment justifier le fait qu'à une certaine époque, l'avortement d'un fœtus mâle était permis jusqu'à quarante jours après la conception et un fœtus femelle, jusqu'à quatre-vingts jours? Bien que l'on n'eut, à l'époque, aucun moyen de connaître le sexe du fœtus! D'accord, c'est de l'histoire ancienne? Le va-et-vient que je vous propose entre un passé lointain et récent nous permettra de voir clairement qu'à travers des modifications de style et de degré, le mépris du plaisir sexuel est bel et bien une constante de la tradition catholique, comme l'est aussi le manque de considération du magistère pour la liberté de conscience des membres du Peuple de Dieu.

La question de l'expression de la foi conduit inévitablement à la place qui est faite aux laïcs dans la référence doctrinale et à la constatation que l'expérience chrétienne a bien du mal à se frayer un chemin dans l'Église du Peuple de Dieu. En effet, bien que Vatican II ait affirmé l'infaillibilité du Peuple de Dieu, il n'a toutefois pas précisé le lien entre le témoignage de foi des fidèles et le magistère du pape et des évêques, également déclaré infaillible. Reste à compléter la tâche de Vatican II par la mise en place de mécanismes significatifs de consultation qui n'écarteraient pas l'expression de foi qui se révélerait à l'encontre d'une proposition romaine. Autrement, on s'exposerait au renouvellement de cas de non réception de règles, de normes ou de dogmes, comme cela s'est produit à l'occasion de la parution de l'encyclique *Humanæ Vitae*[11].»

Le point de vue de théologiens

Pierre de Locht

Accompagnant, depuis plus de quarante ans, des conjoints et familles dans un cheminement sans cesse mis en question par les découvertes nouvelles (médicales, techniques, psychologiques, socioculturelles), j'avoue comprendre de moins en moins l'insistance de l'Église officielle sur la question tout à fait mineure, voire entièrement futile d'un point de vue éthique, du choix des moyens contraceptifs, alors qu'il importe de garantir un objectif totalement prioritaire: l'engendrement conscient et responsable.[12]

Soixante théologiens
et théologiennes du Québec

Nous sommes obligés d'enregistrer le fait que de nombreux théologiens et théologiennes, parmi les meilleur(e)s, en sont venus à la conclusion, après vingt-cinq années de débats et d'échanges, qu'on n'a pas encore trouvé d'arguments vraiment convaincants et décisifs pour affirmer l'immoralité de tout acte contraceptif utilisant des méthodes artificielles, en toutes circonstances et pour quelque fin que ce soit. Inutile d'insister sur une réalité que vous connaissez aussi bien que nous: la très large majorité des catholiques de notre continent, comme de plusieurs autres régions du monde, n'arrive pas à comprendre la rigueur de la pensée catholique sur ce sujet qui intéresse sa vie quotidienne.[13]

Louis-Marie Régis

Le grand philosophe et théologien dominicain Louis-Marie Régis, qui a été l'un des accompagnateurs importants pour les laïcs qui ont décidé, dans les années soixante, de s'en remettre à leur conscience, a publié, dès 1971, un article remarquable. Un ami me l'a signalé tout récemment. L'auteur y compare la sexualité chez les animaux et chez les humains. À propos des animaux, il écrit:

> Mais partout et toujours aussi, il n'y a de coït que lorsque la femelle est fécondable, il n'y a de couple

que lorsque ce dernier est nécessaire à la couvaison et à la nutrition de la progéniture, et il n'y a de famille que lorsque les petits sont incapables de se nourrir seuls: alors la famille ne dure que durant cette période de nécessité. Quand cette nécessité disparaît les fonctions et les tâches paternelles et maternelles se résorbent, comme disparaissent, chez eux, tous les aspects sexuels de leur comportement en dehors de la période de fécondité de la femelle. On peut donc conclure sans aucune sorte de réticence que la sexualité animale n'existe *que pour le coït* générateur, que le couple et la famille n'ont d'existence que *par rapport à leur finalisation par la survie de l'espèce*. La sexualité des animaux et tout leur comportement mâle et femelle n'ont de sens qu'en fonction de la génitalité. Leur sexualité est à *sens unique,* elle n'a qu'une *fin*.

[...] Il est facile de conclure, d'après ce court aperçu, que les mœurs sexuelles des animaux manifestent, on ne peut plus clairement, le caractère profondément naturel de leur sexualité: *partout et toujours,* cette sexualité n'a qu'un *sens,* qu'une fin, ce qui est la définition même de la nature et le contenu de ce que la doctrine traditionnelle appelle le droit naturel strict, ou absolu.

[...] L'aspect le plus important du coït humain, parce que c'est la prérogative de *sa nature* particulière et non celle d'une nature dite génétique ou animale, le coït humain peut se faire normalement toute la durée de la vie, de l'adolescence à la mort, parce qu'il n'est pas provoqué par un processus hormonal lié à la procréation qui mettrait en branle le désir de la femme pour l'homme et de l'homme pour la femme, mais tout simplement par un désir ou un amour qu'exerce un homme à l'égard d'une femme ou vice-versa, attrait qui n'est ni automatique, ni infaillible, mais devient l'objet d'un choix réciproque, donc d'une liberté portant sur la personne et non sur la procréation.[14]

Chapitre 5
Quelle liberté sexuelle?

L A plupart des baptisés dans l'Église catholique contestent la morale sexuelle prêchée par le magistère de leur Église. Ils cherchent à se construire leur propre morale. Ils ne sont pas les seuls à chercher. Tous les peuples, toutes les cultures, de tout temps, ont senti le besoin d'établir certaines normes communes pour les comportements personnels dans toutes les activités où plusieurs autres personnes sont concernées. Les religions proposent à leurs adeptes certaines règles de conduite, au nom d'une foi, d'une doctrine. Les États, quant à eux, adoptent des lois sur certains des mêmes sujets. Dans beaucoup de pays, la pédophilie est un crime. Mais les religions sont souvent plus exigeantes que l'État, du moins dans les sociétés plurireligieuses. Les parlements ne légifèrent que sur les matières qui font consensus, sur le plus petit commun dénominateur en somme. La norme est parfois difficile à trouver. Songeons aux débats périodiques dans un grand nombre de pays sur des sujets comme: l'avortement, la prostitution, la pornographie et l'obscénité.

Là où le catholicisme a été dominant pendant longtemps, la perte de crédibilité de l'Église officielle en matière de morale sexuelle a créé un grand vide. Elle était le principal guide dans le domaine. Si son message ne passe plus, il faut en trouver un nouveau. Beaucoup de croyants, et de non-croyants, se sont donc mis au travail. Qui ne s'inquiète des amours enfantines? Je parle de celles qui rendent enceintes les petites filles de secondaire II ou III! Il y a bien quelques excités qui reprochent aux parents de ne pas montrer à leurs enfants comment s'amuser avec leurs organes génitaux mais les gens raisonnables se demandent où tout cela va nous conduire? Au bonheur? Cela n'est pas évident. Des jeunes gens qui auront couché à gauche et à droite et connu plusieurs dizaines de partenaires sexuels seront-ils mieux préparés à former un couple stable et à intégrer leur vie sexuelle dans l'ensemble de leur vie, à former une famille? Je ne sais si des études sérieuses ont été amorcées sur ce point, mais il est difficile de croire que ce soit là la route du parfait bonheur!

Et la pédophilie est, hélas, plutôt florissante en plusieurs milieux, y compris les milieux ecclésiastiques. Ce type de sexualité déviante a toujours existé et n'est pas près d'être guéri. La question est plutôt de savoir si la société d'une part, et les religions d'autre part, font ce qu'elles peuvent pour ne pas encourager de tels comportements. Divers types de codes moraux sont nécessaires et possibles. Il y en a un qui convient à un État libre et démocratique et s'applique à tous les citoyens, avec la force de la loi. Il y en a un deuxième que les croyants d'une religion donnée ont le droit de s'imposer à eux-mêmes, pourvu qu'il n'aille pas à l'encontre de la règle de droit. Il me semble qu'au siècle où nous vivons, toutes les grandes religions devraient tendre à rechercher une morale commune. À commencer par les diverses confessions chrétiennes. Mais chacun doit commencer par «balayer devant sa porte».

Pour les catholiques, quels sont les éléments essentiels d'une morale sexuelle fondée sur la foi chrétienne, mais qui prendrait aussi en compte les valeurs de la culture moderne? Une norme qui pourrait être crédible pour les baptisés de l'an 2000? C'est la responsabilité de toute la communauté chrétienne: laïcs, clercs, théologiens et membres du magistère de l'Église de répondre à cette question. Les clercs ayant monopolisé la parole depuis deux mille ans, ils devraient laisser une chance aux laïcs de s'exprimer. Aux théologiens laïques tout d'abord. Puis, aux pécheurs ordinaires. C'est en cette qualité que j'ai décidé de donner mon avis. Je lisais récemment que:

> [...] certains milieux catholiques estiment qu'il faudrait prendre au sérieux la suggestion faite un jour au pape par le cardinal Anastasio Bellestrero, alors archevêque de Turin, de déclarer périodiquement une année sabbatique pour le magistère du pape et des évêques. Pendant cette année, tous pourraient enfin découvrir la pudeur de la suspension de jugement et le langage du silence, tandis que les micros de Radio-Vatican resteraient muets![15]

Comme on a beaucoup tarder à mettre ce conseil en pratique, peut-être pourrait-on en inaugurer l'usage par un sabbat de deux ans!

La légitimité du plaisir sexuel

Je placerais en tête de liste d'une morale chrétienne adaptée à notre temps la légitimité du plaisir sexuel dans le cadre du couple. La déclaration «Ils seront deux en une seule chair» contenue dans la Genèse et reprise par le Christ dans le texte de l'Évangéliste, confirme clairement cette légitimité. Les écritures de l'Ancien et du Nouveau Testament assignent à la vie du couple deux objectifs: l'épanouissement des époux et la continuation de l'espèce humaine. Autant l'Église a eu tort, pendant des siècles, d'ignorer ou de sous-évaluer l'objectif d'épanouissement des conjoints, autant, d'un point de vue religieux, il serait impensable d'ignorer la fonction de procréation que la nature (Dieu pour les croyants) a assignée à la sexualité. Une sexualité entièrement divorcée de la parentalité, ou du moins de la notion de «couple» serait la constitution d'un bordel universel! Ce qui ne veut pas dire que tous les couples auront nécessairement ou devraient nécessairement avoir des enfants. Mais l'enfant est le fruit naturel de l'amour conjugal et l'instrument approprié de sa permanence.

Dans un État séculier, il est tout à fait normal que les relations sexuelles entre adultes consentants ne soient soumises à aucun contrôle. Mais un État pourrait-il survivre longtemps si une telle morale minimale était la seule appliquée sur son territoire? Il semble que toutes les grandes religions aient eu tendance à réglementer, d'une façon ou d'une autre, la pratique de la sexualité.

En ce qui concerne la religion catholique, ce n'est pas la tendance à réglementer qui a fait défaut. Ce serait plutôt le contraire. Il semble bien qu'il faille chercher la source de cette tendance chez les stoïciens. Chose certaine, on ne la trouve pas dans l'Évangile. Cela fait déjà un bon moment que les théologiens se plaignent de ce fâcheux penchant de la tradition catholique, telle qu'elle fut interprétée, et maintenue par le magistère de l'Église. Donnons la parole à l'un d'eux, et non des moindres. Jean-Paul Audet, dans son excellent livre: *Mariage et célibat dans le service pastoral de l'Église,* après nous avoir rappelé que les apôtres et les disciples du Christ étaient généralement mariés, nous parle de la discipline ecclésiastique qui ne tarda pas à s'établir dans l'Église. Il écrit:

> À l'aube du IVe siècle, le concile d'Elvire porte en la matière la première loi dont l'histoire ait gardé le souvenir. Plutôt que le célibat, au sens restreint que le terme devait revêtir plus tard, cette première réglementation touche, si l'on veut, le style de vie conjugale des clercs déjà mariés: évêques, prêtres, diacres, bref, sans exception, «tous» les clercs

engagés dans le ministère. À ces clercs déjà mariés, le concile espagnol enjoint donc d'avoir à «s'abstenir désormais de leurs épouses» et de ne plus chercher à se donner une descendance. Si la situation créée par de tels interdits peut nous paraître à nous assez confuse, la sanction, du moins, offrait le mérite d'être simple et nette: tout contrevenant sera destitué de ses fonctions.

Le IVe siècle, et les siècles qui suivirent, allaient connaître, en Occident, une longue série d'ordonnances analogues à celles que nous venons de rappeler, jusqu'à ce que le premier et le deuxième conciles de Latran (1123 et 1139) se décident à trancher dans le vif, en prononçant la nullité ou l'annulation du mariage pour les clercs des ordres majeurs. À vrai dire, cependant, la décision romaine ne faisait guère alors que porter à sa conclusion normale, sans y ajouter beaucoup, l'œuvre poursuivie depuis le XIe siècle par Léon IX et ses successeurs. C'est donc à partir du XIe et du XIIe siècle seulement qu'il est permis de parler, au sens propre, d'une «loi du célibat ecclésiastique» pour l'ensemble de l'Église latine. [...]

En définitive, c'est donc le service direct de l'eucharistie, perçue comme «sacramentum», qui commande la règle de la continence conjugale pour l'évêque, le prêtre et le diacre déjà mariés à partir du moment où ceux-ci accèdent aux fonctions respectives de leur «ministère».

Dans ces conditions, il devient évident, me semble-t-il, que c'est une perception du «sacré» qui est ici à l'origine de l'abstention sexuelle à l'intérieur même du mariage. Mais alors, il n'est pas moins manifeste que la règle de la continence conjugale pour les clercs engagés dans le service direct des «sacramenta» s'appuie elle-même, à son tour, sur une autre perception déjà solidement établie dans la conscience: celle qui, distinguant entre le «pur» et «l'impur», classe l'exercice de la sexualité, quel qu'il soit, parmi les choses qu'il convient de tenir à distance du «sacra».

On ne voit pas autrement par quelle voie une stricte obligation de continence aurait pu, en christianisme, s'introduire jusque dans le mariage légitime des clercs appelés au service direct des «sacramenta». Ce qui est visé, en fait, par la réglementation d'Elvire, ce n'est pas le mariage en tant que tel, puisque celui-ci, même pour les clercs du «ministerium» est tranquillement maintenu et pour le présent et pour l'avenir: c'est l'exercice de la sexualité dans le mariage lui-même, et cela seul.[16]

La légitimité du plaisir sexuel, dans le cadre du couple, demeure, aujourd'hui encore, mise en doute par l'enseignement du magistère. De saint Augustin à Jean-Paul II, la position de Rome n'a pas beaucoup changé. Je citerai en preuve une phrase du pape actuel, confirmé dans ses dires par un homme pour lequel l'évêque de Rome a beaucoup d'admiration.

J'ai été renversé de lire, sous la plume du pape actuel, la phrase suivante:

> Dans la tâche d'une éducation éclairée à la chasteté, les parents chrétiens accorderont une attention et un soin particuliers, en discernant l'appel de Dieu, à l'éducation à la virginité comme

forme suprême de ce don de soi qui constitue le sens de la sexualité humaine[17].

Ainsi, selon Jean-Paul II, la virginité constitue la forme suprême de la sexualité humaine! Belle perspective pour les 99,9 % de l'humanité qui se croient appelés à «croître et se multiplier» et à vivre «deux en une seule chair», mais néanmoins appelés à vivre en plénitude le commandement de l'amour... qui contient «la loi et les prophètes»! Et ce commandement ne parle pas de virginité! Le «pasteur de la planète», comme l'appelle son interlocuteur-adorateur dans le livre: *Entrez dans l'espérance,* entretient des idées très particulières sur l'amour à l'intérieur du couple. Ainsi, Martine Sevegrand nous rappelait (*Actualité religieuse,* 15 mars 1996) que Karol Wojtyla, dans un livre écrit en 1962 (*Amour et responsabilité*) affirmait: «L'amour, qui est don d'une personne à une autre, *exclut* la recherche de la jouissance.»

Ces citations de Jean-Paul II rejoignent l'opinion de l'amant converti Augustin. Celui-ci se disait convaincu qu'avant la faute originelle, l'homme et la femme avaient une autre façon de faire la chose! Malheureusement, il ne nous a pas dit ce que pouvait être ce coït originel!

Seul un historien doublé d'un psychiatre pourrait analyser en profondeur les facteurs qui ont amené le pape actuel à une compréhension de la sexualité si dramatiquement éloignée de l'expérience de millions de catholiques. Il n'est pas inutile, bien que très insuffisant, de rappeler que Karol Wojtyla a perdu sa mère à l'âge de neuf ans. Qu'il a été éduqué par un père de formation militaire et que toute sa vie adulte s'est déroulée dans un paysage aussi manichéen qu'on le puisse imaginer. D'un côté, le mal, incarné par un communisme athée et persécuteur des chrétiens, de l'autre, l'Église, porteuse de la vérité révélée et seule structure sociopolitique qui soit de taille à se mesurer à l'État Impie! Ce combat quotidien, poursuivi pendant plusieurs décennies, a imprimé chez le futur pape une tendance à polariser le bien et le mal. Très peu de gris dans sa vision de l'Église ou de la modernité. Les choses ont tendance à lui apparaître blanches, d'une part, et noires de l'autre.

On sait que le pape Jean-Paul II est un grand admirateur de Josémaria Escriva de Balaguer, fondateur de l'Opus Dei. Les disciples de ce dernier sont d'ailleurs omniprésents à la Cité du Vatican et aussi fort nombreux parmi les quelque mille six cents évêques nommés par Jean-Paul II (sur un total de quelque quatre mille à travers le vaste monde). Or ce prélat qu'on s'apprête à canoniser disait:

«Le mariage est pour la troupe et non pour l'État major du Christ[18]». Ce qui est une autre manière de sacraliser la virginité et de faire d'un clergé célibataire une caste de purs, comme le laissait entendre Jean-Paul II dans la citation rappelée plus haut.

Pourtant, la plupart des apôtres choisis par le Christ lui-même étaient mariés. À commencer par le premier pape: saint Pierre!

Derrière toutes les positions actuelles de Rome en matière de morale sexuelle, on retrouve le vieux mépris, inavoué mais non moins réel, pour le plaisir sexuel. Les «simples laïcs» qui veulent s'élever contre un tel blocage («Obéir, c'est aussi résister», comme disait le grand théologien Chenu) trouveront de nombreux témoignages de théologiens, clercs et laïques, qui ont questionné et questionnent encore cet aspect discutable de la tradition de notre Église.

En tête de liste, on trouve le grand théologien allemand Karl Rahner qui écrivait, dès 1978:

> Cela fait partie de l'histoire tragique et difficile à élucider de l'Église: dans la pratique comme dans la théorie, celle-ci défendit toujours des maximes morales par de mauvais arguments, découlant de convictions et de préjugés incertains, liés au contexte historique [...] Si cette sombre tragédie de l'histoire spirituelle de l'Église est si pesante, c'est parce que toujours, ou du moins souvent, elle concerne des questions qui touchent à la vie concrète des hommes (et des femmes), parce que ces maximes erronées qui n'eurent jamais de valeur objective, imposèrent néanmoins aux hommes des contraintes que rien dans la liberté de l'Évangile ne justifie[19]».

J'aurai l'occasion d'invoquer le témoignage de nombreux théologiens sur des points particuliers de la morale défendue par le magistère. Sur l'ensemble du dossier limitons-nous à une dernière citation. Elle est d'un bénédictin bien connu aux États-Unis et au Canada anglais. Dans la toute dernière phrase de son ouvrage: *Why You Can Disagree And Remain A Good Catholic?*, Philip S. Kaufman écrit:

> Le tort fait par un enseignement officiel autocratique là où des décisions de conscience sont concernées est particulièrement sérieux: imposer un fardeau moral excessif à ceux qui cherchent à plaire à Dieu; créer un sentiment de culpabilité chez ceux qui sont incapables d'atteindre les objectifs fixés par des lois douteuses; éloigner plusieurs de l'Église; ajouter des obstacles à la réunion des Églises; miner la crédibilité du magistère que les catholiques devraient pouvoir écouter avec une grande confiance. À notre époque de communications de masse, où les laïcs sont bien informés, seule une voix qui est reconnue comme complètement ouverte et honnête inspirera confiance. Cette voix fiable ne sera pas autocratique ni autoritaire; elle acceptera une variété d'opinions probables parce qu'elle reconnaîtra que les vues diverses du peuple de Dieu ne peuvent qu'enrichir le magistère[20].

J'ai proposé de placer à l'article 1 d'un nouveau code de comportement en matière de sexualité la reconnaissance de la légitimité du plaisir sexuel. Que devrait-on trouver à l'article 2?

La permanence du couple

Un couple stable, et idéalement permanent, comme lieu d'exercice de la vie sexuelle et du plaisir qui s'y rattache seraient conformes à l'idéal chrétien du mariage. On retrouve le principal argument théologique en faveur de cette permanence dans les paroles du Christ lui-même:

«Ce que Dieu a uni, que l'homme ne le sépare pas». (Mt 19.6). Un argument pratique très fort milite aussi pour la permanence du couple, c'est le droit des enfants à la sécurité affective. L'amour mutuel du père et de la mère et leur amour commun pour leurs enfants constituent le milieu idéal où l'enfant peut recevoir une initiation de base à la vie, une identification à son père ou à sa mère (selon le cas), une confiance en lui et une orientation vers le bonheur.

Le droit à l'échec

En troisième place d'un code moral que pourraient se donner les catholiques de notre temps, je placerais la nécessaire compassion pour les couples qui meurent, c'est-à-dire où l'amour s'éteint... et le couple avec lui. En somme, le droit à l'échec.

À cet égard, je crois que les chrétiens orthodoxes, continuant en cela la pratique courante dans l'Église universelle avant le schisme d'Orient et la réglementation du mariage-sacrement par l'Église de Rome (vers le XIIe siècle), ont une position vraiment évangélique. Cette Église chrétienne considère le mariage-sacrement comme indissoluble, comme le fait l'Église de Rome. Mais prenant acte, dans certains cas, de la mort de l'amour qui en constituait le lien, les Orthodoxes permettent à leurs fidèles de contracter un nouveau mariage, qui inclut cependant un certain rite pénitentiel. Un aveu de l'échec, en somme. Ce nouveau mariage est en outre moins solennel que le premier. Il s'agit donc d'accorder une deuxième chance à l'amour! Cela me semble beaucoup plus près de l'esprit du Christ que la position actuelle de Rome, que nous aurons l'occasion d'analyser dans toute sa rigueur dans un prochain chapitre.

La masturbation

Dans l'établissement d'un nouveau code de morale sexuelle par et pour les catholiques, on ne saurait ignorer aucun élément de la longue liste des «péchés de la chair» qui ont alimenté les échanges feutrés à travers les grilles de nos confessionnaux pendant des siècles avant que les fidèles, de plus en plus convaincus de l'incongruité des conseils reçus et des pardons retenus, abandonnent la fréquentation de ces sombres enclos, voire même des temples qui les contenaient. Or, la masturbation constituait un sujet privilégié de conversation en ces lieux.

Que pensez-vous de cet interrogatoire dont j'omettrai, pour l'instant, de vous donner la date et le lieu:

— Avez-vous quelque amitié, ma fille... disons intime? Avec un homme? Êtes-vous, ma fille, une femme sensuelle? Avez-vous des désirs refoulés? Vous pouvez parler librement ma fille. J'entends beaucoup de choses dans ce confessionnal! Comment dites-vous? Allez-y, allez-y... Mais que faites-vous exactement ma fille?

— Je ne sais pas... Qu'est-ce que je devrais vous dire?

— Tout. Quand vous sentez-vous particulièrement «chaude», ma fille? Le soir dans votre lit? Au printemps? Après des lectures osées ou des films immoraux? Vous caressez-vous avec les mains ou employez-vous d'autres moyen?

— Quelle importance?

— Avec les mains, c'est une chose plus naturelle, ma fille. Mais si vous employez des instruments, comme ceux dont on parle aujourd'hui... vous arrivez au sadisme, dont Dieu aurait horreur.

— Je n'emploie pas ces choses-là.

— L'avez-vous fait parfois avec une amie... je veux dire avez-vous eu des rapports homosexuels? Et avec des animaux, ma fille, avez-vous fait des choses honteuses avec des animaux? Et lorsque vous vous caressez, à quoi pensez-vous?

— Je ne sais pas, j'éprouve du plaisir.

— Moi, je sais, ma chère fille: vous pensez... vos doigts sont, dans ces moments-là, sont... représentent le membre de l'homme, qui bouge entre vos cuisses...

— Vous me donnez l'absolution?
— Pas pour cette fois.

Cette expérience de confession apparaîtra invraisemblable à certaines lectrices ou lecteurs. Mais certainement pas aux gens de ma génération qui ont vécu ou entendu des témoignages directs de dialogues semblables ou vécu eux-mêmes l'expérience. Dans ce cas-ci, il s'agit d'un dialogue réel, enregistré dans une église de Naples, en.... 1970! Dans le cadre d'une enquête réalisée par un groupe de chercheurs, Guy Bechtel affirme, dans le livre déjà cité, qu'une vingtaine de cas semblables ont été recueillis. Dans le cas précis que je viens de citer, la «pénitente-enquêteuse» avait amorcé sa «confession» en déclarant qu'à l'occasion, elle se «satisfaisait elle-même».

Beaucoup de catholiques, et sans doute plusieurs confesseurs à la retraite forcée, faute de pénitents, pensent aujourd'hui que la pratique de la masturbation doit être considérée comme prévisible et inoffensive à l'âge de l'éveil sexuel, tant chez les garçons que chez les filles. Mais, dans la mesure ou l'on admet que la pulsion sexuelle est naturellement orientée vers l'autre sexe, la masturbation à l'âge adulte relève davantage de la psychologie que de la morale. C'est un phénomène de régression.

La tradition chrétienne a raison d'affirmer que l'homme et la femme doivent orienter leurs pulsions sexuelles vers la constitution éventuelle d'un couple permanent. Avant la formation du couple, le potentiel de la sexualité génitale est donc en attente. Sauf pour les gestes initiatiques de la petite enfance ou de l'adolescence.

Les relations prémaritales

En dépit de ce qui précède, il faut ajouter que les relations sexuelles prémaritales peuvent apparaître, à la conscience de plusieurs chrétiens, voire même d'un certain nombre de théologiens, comme très légitimes en certaines circonstances. Ce «noviciat» au mariage, qui aurait déjà existé dans l'Église primitive selon certains auteurs, pourrait être acceptable s'il se situe dans la perspective de l'engagement définitif. Il en serait de même, sans doute, dans la cas d'un veuf ou d'une veuve qui, ayant atteint l'âge respectable de cinquante ou soixante ans, hésiterait à se réengager pour le reste de ses jours avant d'avoir pu apprécier la compatibilité du nouveau conjoint. Il ne fait pas de doute que la convergence de deux personnalités formées (ou déformées!) ayant atteint la maturité présente encore plus de risques que l'union de deux jeunes qui n'ont jamais connu la vie commune et n'ont pas encore développé des habitudes «irréformables» possiblement incompatibles avec celles du conjoint éventuel. En raison même du caractère normalement permanent (l'Église utilise le terme «indissoluble») de l'union que l'on projette, on ne devrait pas s'y lancer à la légère.

L'homosexualité

Dans la liste des péchés contre la chair qui reçurent une large part de l'attention des confesseurs, il en est un autre que l'on ne saurait omettre dans un hypothétique code révisé de la morale catholique. C'est même le cas le plus difficile à trancher. Je veux parler de l'homosexualité masculine et du lesbianisme. Sujet tellement difficile que je ne veux même pas lui attribuer un seul petit paragraphe dans cette série de commentaires rapides sur ce que pourrait être un éventuel code moral pour les catholiques de l'an 2000. J'y consacrerai, un peu plus tard, un chapitre entier. C'est vraiment le minimum pour un problème aussi vieux que le monde et qui soulève les passions dans toutes les sociétés modernes et libres. Les dictatures ont souvent eu tendance à régler cette question, comme bien d'autres, par des interdits et des bastonnades. Ce qui n'est pas très brillant.

Autre question reliée à la morale sexuelle réservée pour un traitement particulier: l'avortement. Quant à la contraception, nous en avons déjà traité au chapitre quatre. Revenons, pour l'instant, au droit à l'échec.

Chapitre 6
Le remariage après un divorce est-il un péché... impardonnable?

HÉLAS, le magistère de l'Église catholique répond oui à cette question. Pour accorder son pardon aux divorcés, il assimile le divorce au pire des péchés, imposant à ceux et celles qui s'en rendent «coupables» une peine qu'ils mettront toute leur vie à accomplir. Si vous croyez que j'exagère, lisez bien attentivement l'extrait suivant d'un texte officiel du pape Jean-Paul II[21].

> L'Église cependant réaffirme sa discipline, fondée sur l'Écriture sainte, selon laquelle elle ne peut admettre à la communion eucharistique les divorcés-remariés. Ils se sont rendus eux-mêmes incapables d'y être admis car leur état et leur condition de vie est en contradiction objective avec la communion d'amour entre le Christ et l'Église, telle qu'elle s'exprime et est rendue présente dans l'Eucharistie. Il y a par ailleurs un autre motif pastoral particulier: si l'on admettait ces personnes à l'Eucharistie, les fidèles seraient induits en erreur et comprendraient mal la doctrine de l'Église concernant l'indissolubilité du mariage.
> La réconciliation par le sacrement de pénitence — qui ouvrirait la voie au sacrement de

l'Eucharistie — ne peut être accordée qu'à ceux qui se sont repentis d'avoir violé le signe de l'Alliance et de la fidélité au Christ, et sont sincèrement disposés à une forme de vie qui ne soit plus en contradiction avec l'indissolubilité du mariage. Cela implique concrètement que, lorsque l'homme et la femme ne peuvent pas, pour de graves motifs — par exemple l'éducation des enfants — remplir l'obligation de la séparation, ils prennent l'engagement de vivre en complète continence, c'est-à-dire en s'abstenant des actes réservés aux époux.

On a beaucoup de peine à retrouver l'esprit évangélique dans un texte aussi légaliste et pointilleux. Dans cette exhortation, le pape pousse à la limite la logique d'une doctrine qui ignore totalement, non seulement le drame humain qu'a toujours constitué le divorce, mais le fait sans précédent de milliers et de milliers de couples qui ont connu l'échec de leur mariage en raison de la mutation culturelle qu'a produit l'avènement de ce qu'il est convenu d'appeler la «libération de la femme». Les années soixante-dix devaient amener une véritable révolution dans la situation des couples et des familles. Le magistère de l'Église aurait dû faire ce que beaucoup de catholiques, de théologiens, voire même d'évêques ont fait: en profiter pour questionner sa position traditionnelle sur le mariage. Était-elle si morale que cela? Quel sort faisait-elle aux femmes? Quelle chance donnait-elle aux conjoints vraiment malheureux de ne pas gâcher entièrement leur vie?

L'intransigeance du magistère sur l'indissolubilité du mariage, qui ne remonte d'ailleurs pas à la primitive Église mais plutôt au douzième siècle, avait-elle la moindre chance d'être acceptée par le Peuple de Dieu et enseignée efficacement par le clergé dans le contexte moderne? Assurément, le pape et ses fonctionnaires romains ne se sont posé aucune de ces questions. Même si toutes les autres confessions chrétiennes avaient adopté des positions beaucoup plus proches, à la fois de la compassion évangélique et de la situation sociale et culturelle du monde moderne.

Le texte du pape remonte à 1982. Depuis cette date, le Vatican a raté un grand nombre d'occasions de s'interroger. Depuis plusieurs années déjà, laïcs, théologiens et membres de l'épiscopat remettent poliment en doute la sagesse d'une telle attitude. Une véritable contestation s'est amorcée. La correspondance des dernières années entre des groupes d'évêques et les hauts fonctionnaires du Vatican n'a réussi qu'à faire réitérer le même message. On a défendu le mot à mot du texte papal de 1982. Faut-il se résigner à attendre le prochain pape?

Certainement pas. Non seulement le pape actuel semble doué d'une énergie exceptionnelle, mais rien ne garantit aux fidèles que le prochain pape ne sera pas, lui aussi, issu du courant conservateur, de la mentalité Opus Dei. Ce que les catholiques conscients, pasteurs et fidèles, doivent faire, c'est de proclamer haut et fort leur indignation d'une attitude aussi bureaucratique et dogmatique et se regrouper autour des communautés chrétiennes où, depuis longtemps déjà, on a commencé à manifester une ouverture aux victimes d'un échec conjugal. Pour que l'Église se rende présente à l'avenir du monde, tous les croyants doivent assumer leur responsabilité devant leur conscience et devant l'histoire.

Le premier argument que l'on peut employer pour réfuter la position exprimée avec tant d'assurance aveugle dans le texte du pape et les lettres du cardinal Ratzinger le confirmant, se trouve... dans le Catéchisme de l'Église catholique. Lisez attentivement les deux paragraphes suivants:

> **2384** Le divorce est une offense grave à la loi naturelle. Il prétend briser le contrat librement consenti par les époux de vivre l'un avec l'autre jusqu'à la mort. Le divorce fait injure à l'alliance de salut dont le mariage est le signe. Le fait de contracter une nouvelle union, fût-elle reconnue par la loi civile, ajoute à la gravité de la rupture: le conjoint remarié se trouve alors en situation d'adultère public et permanent.

> **2386** Il se peut que l'un des conjoints soit la victime innocente du divorce prononcé par la loi civile; il ne contrevient pas alors au précepte moral. Il existe une différence considérable entre le conjoint qui s'est efforcé avec sincérité d'être fidèle au sacrement du mariage et se voit injustement abandonné et celui qui, par une faute grave de sa part, détruit un mariage canoniquement valide.

On aura remarqué sans peine que, dans le texte de la lettre de Jean-Paul II, on ne propose pas de différence de traitement pour le conjoint «innocent» et pour le «coupable». À qui fera-t-on croire que cette attitude est conforme à l'esprit évangélique? Certainement pas à votre serviteur. Devant de telles attitudes, je le dis franchement, j'ai honte du magistère de mon Église. Et je suis loin d'être le seul.

Le point de vue de théologiens

André Naud

Quand on lit les *Notes on Moral Theology* de Richard A. McCormick, on est obligé de constater que le thème de la mort de certains mariages est au cœur des réflexions d'un grand nombre de moralistes. Dans la démarche qui est sienne, Durwell (F.X. Durwell, dans *Indissoluble et destructible mariage*, la revue de droit canonique, 1986) aussi, pour sa part, parle de mariages qui «meurent»; il reconnaît que si le mariage doit être considéré comme entraînant un grave devoir de fidélité en regard d'un engagement de soi indissoluble, il peut arriver qu'il soit destructible; d'où le titre d'une si belle limpidité de son importante contribution. Il est difficile de comprendre que cet acquis majeur de la réflexion morale contemporaine sur notre sujet ne soit pas mieux assumé par le magistère de l'Église. Comme on le devine bien, l'assumer transforme toutes les perspectives.

[...] Devant ces mariages morts, deux conceptions herméneutiques de l'indissolubilité s'opposent. L'une, que Durwel appellera «extrinséciste», voit l'indissolubilité comme appartenant à un lien conjugal subsistant par lui-même, indépendamment des personnes et des réalités très humaines dans lesquelles ces personnes se trouvent. L'autre, que le même exégète appellera «personnaliste», consiste avant tout à la voir comme la grave obligation morale qu'ont les époux de rester fidèles à l'engagement pris lors de leur mariage. Quand on adopte la première conception, on peut ne pas voir facilement la place qu'il y aurait lieu de faire à des situations d'exception, et cela même si l'on veut penser en fonction du bien des personnes. La situation est tout autre quand on adopte la seconde, que nous avons présentée plus haut comme étant celle de Jésus. Le devoir moral en regard de l'indissolubilité peut cesser quand la communauté matrimoniale, «communauté de vie et d'amour», irrémédiablement morte, ne peut plus subsister. On peut appliquer dans ce cas la pensée souple et ouverte que saint Paul, le premier, a estimé être celle de Jésus. Faut-il y insister longuement? Le remariage n'est pas nécessairement la solution la pire pour l'équilibre humain et spirituel des personnes concernées. On s'étonne de devoir observer que la pensée et la pratique actuelles de l'Église semblent trouver naturel que ceux qui expérimentent un échec matrimonial seraient subitement appelés, même jeunes, à une vocation au célibat qu'on présente habituellement, à bon droit, comme une vocation exceptionnelle[22]».

Philip S. Kaufman

Ni les Écritures, ni les premiers mille ans de la tradition chrétienne ne supportent l'enseignement officiel à l'effet que le mariage ne peut être dissout que par la mort de l'un des conjoints. Les textes ne sont pas clairs et ils ont été interprétés de diverses façons depuis les premiers temps de l'Église. Quant à la tradition, une tradition continue et solide dans l'Église d'Orient, datant de longtemps avant la séparation des Églises d'Orient et d'Occident, elle autorise le remariage, particulièrement pour le conjoint innocent, à la suite d'un premier mariage brisé. Dans l'Église d'Occident l'interdiction du remariage n'a pas été fermement établie avant le douzième siècle. En 1980, au Synode des évêques sur la famille, il y a eu une demande ferme, ignorée par le pape Jean-Paul II, pour que l'on étudie la pratique suivie dans l'Église orthodoxe. Cette Église, en considération de la faiblesse humaine, continue à tolérer le remariage et l'accès à l'Eucharistie, bien qu'elle ne considère pas le deuxième mariage comme un sacrement[23].»

Chapitre 7
Il n'y a qu'un seul «péché»:
le manque d'amour

SURTOUT, n'allez pas me dire que le péché n'existe pas. Peu importe comment on l'appelle, tout le monde admet que certaines choses «ne devraient pas se faire». Les criminels les plus endurcis refusent de partager leur repas avec un infanticide ou un pédophile doublé d'un meurtrier. L'existence du «mal», c'est le vrai nom de ce que les chrétiens nomment couramment le péché, est admise universellement. C'est dans l'application que les divergences surviennent. Quant à l'énumération des péchés, les grandes religions se font concurrence, semble-t-il. C'est à qui produira la plus longue liste. Les juifs, à la veille de l'avènement du Christ, avaient développé un système de lois et règlements assez impressionnant. Mahomet, à son heure, devait aussi produire une liste respectable. Le Christ, le Fils de Dieu pour les chrétiens, un grand prophète ou celui qui a bouleversé le calendrier aux yeux des autres, a voulu simplifier tout cela. Il l'a fait avec une telle candeur que même son Église a de la peine à le comprendre. Après deux mille ans de christianisme, l'Église a tendance à définir comme «péché» tout ce que les générations précédentes de théologiens et de penseurs ont placé sur la liste. Cette méthode cumulative crée beaucoup de problèmes. Comment faire accepter aux croyants d'aujourd'hui que l'on a eu raison de menacer de l'enfer la grand-mère de l'un de mes amis parce qu'elle voulait prendre, deux minutes après minuit, la pilule pour le cœur dont elle avait un besoin absolu, sans se priver d'aller communier ce dimanche matin-là? Autre cas de pilule très discuté dans l'Église. Si Paul VI a signé l'encyclique contre LA pilule, c'est qu'il avait peur que beaucoup de pieux chrétiens ne comprennent pas que la liste des péchés puisse être modifiée, avec le temps. Pourtant, le Christ lui-même, le véritable Chef de l'Église, avait laissé des instructions limpides sur la façon durable de placer sa boussole vers le bien et d'éviter le mal. Dans l'Évangile de Matthieu, chap. 22, verset 34, on peut lire ce qui suit:

> Apprenant qu'Il (Jésus) avait fermé la bouche aux Saducéens, les Pharisiens se réunirent. Et l'un d'eux, un légiste, lui demanda pour lui tendre un piège: «Maître, quel est le grand commandement dans la loi?» Jésus déclara: «Tu aimeras le Seigneur ton Dieu de tout ton cœur, de toute ton âme et de toute ta pensée. C'est là le grand, le premier commandement. Un second est aussi important: Tu aimeras ton prochain comme toi-même. De ces deux commandements dépendent toute la Loi et les Prophètes.»

Au risque de scandaliser, je ne puis résister à la tentation de donner ici un exemple, parmi des milliers d'autres possibles, de l'importance du facteur «amour» dans la détermination du bien et du mal.

Au milieu des années quarante, je me joignis à plusieurs jeunes de mon âge, garçons et filles, au sein de l'équipe diocésaine de Montréal de la J. E. C. Nos bureaux étaient situés dans la Centrale nationale du même mouvement. Les garçons y dormaient aussi, alors que les filles habitaient, soit dans leur famille, soit dans un appartement qui leur était réservé. Un pensionnaire un peu spécial s'ajoutait parfois aux habitués de notre garçonnière. C'était un enfant de la balle comme on dit à Paris; un protégé de notre aumônier, qu'il appelait «le magicien». Terme rempli de respect car notre homme, prénommé Maurice, était lui-même un cascadeur, un homme de cirque. À ses yeux, un spécialiste des âmes était un super-magicien! Maurice avait roulé sa bosse dans les milieux les plus divers. L'armée l'avait exclu en raison de sa passion pour l'alcool. Maurice buvait tout ce qui lui tombait sous la main. Comme son père avant lui et comme les gens qu'il avait fréquentés dans son enfance. Lorsqu'il frappait à la porte de la centrale, habituellement au milieu de la nuit, pour y trouver refuge, il était ordinairement rond comme une bourrique. Le lendemain, une fois dégrisé, il nous racontait sa vie... et sa morale.

Quand le cirque pour lequel il travaillait allait plier bagage pour aller planter son chapiteau sous une nouvelle lune, il y avait, nous racontait-il, un grand «party». La fête se terminait par une coucherie générale où lui, Maurice, se contentait de la fille la plus laide et la plus abandonnée, pour se prouver à lui-même qu'il était un garçon «vertueux»! Personnellement, j'ai toujours cru que cet enfant abandonné ne s'était jamais senti aimé avant de faire la connaissance du «magicien». Il s'efforça par la suite de vivre l'esprit de l'Évangile, désirant vraiment agir comme le Bon Samaritain au cœur de ces fêtes carnavalesques!

Cet exemple apparaîtra peut-être à certains lecteurs, à certaines lectrices, comme extrême, trivial, absurde même.

À mes yeux, il prouve pourtant que tous les humains ont une soif inextinguible d'amour et un désir sincère d'aimer. Même les êtres les plus malmenés par la vie. Au cinéma, comme dans les romans, ce n'est pas par hasard que l'on nous dépeint la tendresse des plus grands bandits de la terre envers leurs enfants, par exemple.

L'Église a souvent eu tendance, au cours des siècles, à négliger de prêcher le commandement de l'amour, au bénéfice d'une liste de péchés qu'elle a tenté de «déterrer» dans l'âme de ses fidèles, à la manière des limiers qui ont pour tâche de détecter les criminels. On pourrait aussi songer à l'exemple des

cueilleurs de truffes! Je souhaiterais que les cardinaux, lorsqu'ils seront réunis en conclave pour élire
le prochain pape, affichent au mur de la chapelle
Sixtine trois passages de l'Évangile de Matthieu. En
tête de liste viendrait l'extrait du chapitre 22, sur
l'amour (déjà cité). Puis, les versets 17 et 18 du
chapitre 19:

> Alors Pierre s'approcha et lui dit: «Quand mon
> frère commettra une faute à mon égard, combien de
> fois lui pardonnerai-je? Jusqu'à sept fois? Jésus lui
> dit: «Je ne te dis pas sept fois, mais jusqu'à
> soixante-dix fois sept fois».

En troisième place, je placerais le chapitre 25, sur
le jugement dernier:

> Quand le Fils de l'homme viendra dans sa gloire,
> accompagné de tous les anges, alors il siégera sur
> son trône de gloire. Devant lui seront rassemblées
> toutes les nations, et il séparera les hommes les uns
> des autres, comme le berger sépare les brebis des
> chèvres. Il placera les brebis à sa droite et les
> chèvres à sa gauche. Alors le roi dira à ceux qui
> sont à sa droite: «Venez les bénis de mon Père,
> recevez en partage le Royaume qui a été préparé
> pour vous depuis la fondation du monde. Car j'ai
> eu faim et vous m'avez donné à manger; j'ai eu
> soif et vous m'avez donné à boire; j'étais étranger
> et vous m'avez recueilli; nu et vous m'avez vêtu;
> malade et vous m'avez visité; en prison et vous
> êtes venus à moi.» Alors les justes lui répondront:
> «Seigneur, quand nous est-il arrivé de te voir
> affamé et de te nourrir, assoiffé et de te donner à

boire? Quand nous est-il arrivé de te voir étranger et de te recueillir, nu et de te vêtir? Quand nous est-il arrivé de te voir malade ou en prison et de venir à toi?» Et le roi leur répondra: «En vérité, je vous le déclare, chaque fois que vous l'avez fait à l'un de ces petits, qui sont mes frères, c'est à moi que vous l'avez fait.»

Il me semble que les grands électeurs du «serviteur des serviteurs de Dieu» feraient bien de se poser la question: «Lequel d'entre nous ou en dehors de nous (car ils ont la liberté de choix au moins parmi les évêques) serait le plus susceptible d'orienter l'Église vers une formulation du message évangélique qui puisse toucher le cœur et l'esprit des femmes et des hommes d'aujourd'hui?» Non pas un pape qui cherche à parler toutes les langues du monde, à se faire l'interprète unique de la parole de Dieu mais un inspirateur pour tous ses confrères dans l'épiscopat et pour tous les chrétiens et les chrétiennes qui veulent contribuer à l'interprétation du message, à quelque confession particulière qu'ils appartiennent. Un pape qui démontrerait par ses actions de tous les jours qu'il ne revendique aucun royaume en ce monde. Et qui, en conséquence, n'aurait plus besoin de multiplier ses ambassadeurs auprès des César modernes.

L'amour du prochain et le pardon des offenses seraient des thèmes d'une grande actualité pour des sociétés humaines qui pratiquent ou subissent le génocide, l'exploitation des faibles par les plus forts, les guerres fratricides. Pour tous ceux et celles, à notre époque du village global, qui sont les témoins passifs de tous ces manques d'amour. Les futures encycliques, au lieu de tenter de fournir des doctrines économiques, sociales ou juridiques *Urbi et Orbi*, forcément inadaptées pour un continent ou un autre, devraient s'inspirer de la simplicité et de l'universalité des paraboles évangéliques pour susciter sur tous les points du globe une pensée chrétienne qui colle à la vraie vie. Car nous n'en sommes pas vraiment rendus au village global. Pour atteindre à l'universalité, c'est-à-dire devenir vraiment catholique, notre Église ne devra exiger l'unité que dans la foi au Christ et à son commandement de l'amour. Les manœuvres politiques d'une légion de diplomates romains n'ont de sens que dans une Église demeurée constantinienne et impériale.

Si l'on relisait sérieusement les conseils que le Christ donnait à ses apôtres en les envoyant en mission, on aurait tôt fait de fermer toutes les nonciatures et autres palais épiscopaux. Une Église riche et puissante ne saurait être perçue comme fidèle à l'esprit de l'Évangile par les enfants des générations de baptisés qui ont quitté l'Église.

Coupés de leurs racines religieuses, ces jeunes, un jour, reprendront à leur compte la lecture du livre le plus lu au monde depuis l'invention de l'écriture. Alors, ils voudront réinventer l'Église si elle est déjà morte sur leur coin de terre ou, si elle vit encore, ils trouveront peut-être le courage que ma génération ne semble pas avoir, le courage d'entreprendre une réforme de l'Église de leurs ancêtres.

Le point de vue de deux évêques

Bertrand Blanchet,
archevêque de Rimouski

C'est ma conviction qu'il y a des purifications nécessaires dans notre Église pour qu'elle devienne davantage une Église des Béatitudes: pauvre, miséricordieuse, pacifique, douce, pure, assoiffée de justice... Nous avons dit notre option préférentielle pour les pauvres, nous avons prié pour eux, nous avons dit notre désir d'être avec eux. Le Seigneur est peut-être en train de nous exaucer de manière bien imprévue en faisant de nous des pauvres dans une Église minoritaire, sinon marginalisée [24]».

Rembert Weakland,
archevêque de Milwaukee

[...] Pour rester optimiste, et catholique, garder un peu d'espoir pour l'avenir et pour maintenant, je cherche à maintenir une vision historique. Le problème actuel est de savoir comment l'Église doit affronter le modernisme, la modernité, dans un contexte plus large, sans se perdre dans les détails?

Selon moi, nous sommes encore dans une grande tension entre l'Église catholique et le monde moderne. Il faut poursuivre la discussion et trouver, dans le monde moderne, les valeurs authentiques et aussi les dangers. Il faut préparer l'avenir mais sans négliger le monde actuel. Ce n'est pas facile. Je crois que nous sommes maintenant dans une situation trop «réactive» et que nous sommes dépourvus de leadership. Il faut éviter de répéter l'erreur de la condamnation de Galilée. Mais je suis optimiste. Je constate que les laïcs s'engagent vraiment dans l'Église, dans la foi et, en même temps, dans le monde séculier. Pour moi, c'est une étincelle d'espoir[25].

Chapitre 8
Avortement = meurtre?

JEAN-PAUL II passera sans doute à l'histoire comme
l'un des papes les plus en opposition avec la
culture de son temps. Un digne émule de Pie IX et de
Pie X. Sauf sur la chute du communisme, qu'il a
prévue, souhaitée, et à laquelle il a fourni une contribution certaine, cette opposition aura eu des effets
négatifs sur la transmission du message évangélique.
Dans le domaine de la morale sexuelle, il aura ramé
à contre-courant, non seulement du monde séculier,
mais de la majorité des catholiques vivant dans des
pays libres et scolarisés. Sa position la plus contestée
et la plus agaçante aura été son entêtement à pour-
chasser toute notion de planification des naissances,
si ce n'est par l'usage de la méthode sympto-
thermique. Sur cette question, le monde entier, ou
presque, diffère d'opinion avec lui et avec les fonctionnaires du Vatican. À l'intérieur du couple, le
choix des méthodes pour planifier les naissances
relève de la médecine et non de la théologie.

Un thème encore plus grave, sur lequel le pape
aurait pu exercer une influence considérable, c'est
celui de l'avortement. Si le pape avait adopté sur

cette question la position que prennent de nombreux théologiens et, sans doute, un bon nombre d'évêques, il eut mené la marche pour le respect de la vie. Il eut gagné des points contre ceux et celles qui préconisent l'avortement en toutes circonstances, comme un prolongement des moyens de contraception.

Par ailleurs, si aucun pays au monde ne tolère (du moins officiellement) le meurtre, un très grand nombre de pays ont adopté des lois qui distinguent nettement l'avortement de l'homicide, c'est-à-dire l'action de tuer un être humain.

La conscience universelle a-t-elle tort de faire cette distinction? Certes, les biologistes affirment que l'être humain est déjà en formation dès que l'œuf est fécondé dans le sein maternel. La conscience universelle ne semble pas les croire. À moins qu'inconsciemment, instinctivement, elle établisse une forme d'évaluation entre deux vies: celle de la mère et celle du fœtus humain. Ce serait une façon spontanée de rejoindre le jugement des moralistes qui, mesurant la violence dont la femme est victime dans des cas d'inceste ou de viol, par exemple, établissent le parallèle avec l'homicide commis en situation de légitime défense. L'avortement serait alors licite. Dans un long texte qu'il a publié sur le problème de l'avortement, un évêque doublé d'un homme de sciences, Mgr Bertrand Blanchet, archevêque de Rimouski, écrit:

> Pour ma part, avec quelques moralistes sérieux, je me sentirais incapable d'imposer à une femme qui n'a pas posé un acte libre de mener à terme une grossesse consécutive à un viol. Que cette femme porte pendant neuf mois et dans sa chair, au plus intime d'elle-même, le souvenir vivant d'un acte aussi méprisable et aussi violent... Et qu'une fois né, que les traits du violeur lui soient constamment présents sous les traits de cet enfant...[26].

Tout ce que cet évêque et homme de sciences a écrit sur l'avortement sera pris très au sérieux par les croyants, comme par les incroyants, parce qu'il accepte l'idée qu'aucune norme morale ne saurait être absolue. Malheureusement, telle n'est pas l'attitude de Rome dans le moment.

Ouvrons le Catéchisme de l'Église catholique publié avec la bénédiction du pape et du cardinal Ratzinger. Au paragraphe 2272, on peut lire:

> La coopération formelle à un avortement constitue une faute grave. L'Église sanctionne d'une peine canonique d'excommunication ce délit contre la vie humaine. Qui procure un avortement, si l'effet s'ensuit, encourt l'excommunication latæ sententiæ, par le fait même de la commission du délit et aux conditions prévues par le Droit. L'Église n'entend pas ainsi restreindre le champ de la miséricorde. Elle manifeste la gravité du crime commis, le dommage irréparable causé à l'innocent mis à mort, à ses parents et à toute la société.

Le catéchisme ne mentionne aucune exception à cette règle. D'ailleurs, le pape Jean-Paul II a fait campagne en Pologne aux côtés de son ami Lech Walesa en faveur d'une loi qui aurait puni de deux ans de prison tout responsable d'un avortement. Mais, même dans son pays natal, le pape n'a pas réussi à convaincre les membres du parlement qu'une telle législation soit justifiée. Les lecteurs attentifs du catéchisme auront d'ailleurs remarqué une certaine anomalie quant à la valeur, absolue ou relative, que le magistère de l'Église accorde à la vie humaine. Pour le fœtus, même d'un mois, les auteurs du catéchisme n'ont aucun doute sur son droit à la vie. Mais il en va autrement pour ceux et celles qui ont commis un homicide. Au paragraphe 2266:

> Préserver le bien commun de la société exige la mise hors d'état de nuire de l'agresseur. À ce titre, l'enseignement traditionnel de l'Église a reconnu le bien-fondé du droit et du devoir de l'autorité légitime de sévir par des peines proportionnées à la gravité du délit, sans exclure dans les cas d'une extrême gravité la peine de mort.

Cela signifie, sans équivoque possible, que le commandement: «Tu ne tueras point» n'est pas absolu... sauf pour les fœtus! Ce sont de pareilles contradictions et le manque évident de compassion pour les victimes d'un inceste ou d'un viol qui détruisent la crédibilité du magistère de l'Église auprès de nos contemporains. Maître Eckart disait, dès le treizième siècle: «Vous pouvez nommer Dieu: l'amour, vous pouvez le nommer, la bonté, mais le nom le plus approprié, c'est la compassion.» Les catholiques ont le droit de s'attendre à trouver cette vertu chez leurs pasteurs, du haut en bas de la hiérarchie.

Récemment, on a vu l'épiscopat d'Irlande faire campagne contre le légalisation de tout avortement. Cette fois encore, l'opinion publique n'a pas suivi.

Le point de vue d'un contradicteur

Depuis que, retraité, je me suis recyclé dans l'étude et le débat des questions religieuses, j'ai dû m'habituer à l'injure et aux menaces d'excommunication de la part de clercs et autres chrétiens pour qui le magistère actuel de l'Église «a les paroles de la vie éternelle», et les a toutes! La lettre qui suit est un bon exemple des leçons de conformisme que dispensent les défenseurs inconditionnels des traditions ecclésiastiques, sans référence à l'esprit évangélique. Cette épître m'a été transmise par la voie de la «tribune libre» du quotidien *La Presse*, en date du 5 mai 1996. Elle est l'œuvre d'un jeune prêtre du diocèse de Joliette (on me dit qu'il a 29 ans, un âge tendre pour prononcer de telles condamnations! Je plains ses paroissiens) qui signe simplement:

Normand Lamoureux,
Notre-Dame-des Prairies.

Monsieur Jean-Paul Lefebvre,

Je suis un croyant qui en a assez de vos sophismes et de vos demi-vérités... Assez, c'est assez! Assimiler l'avortement commis à la suite d'un viol ou d'un inceste à des cas de légitime défense, comme vous le faites, relève d'une absurdité rarement égalée. Dans un cas de légitime défense, monsieur, il s'agit de se défaire d'un injuste agresseur en lui opposant une force proportionnée à celle qu'il nous impose. Un très bel exemple de légitime défense nous a d'ailleurs été rapporté récemment au *Teléjournal* de Radio Canada où l'on a pu voir comment un commerçant, qui avait des raisons objectives de craindre pour sa vie, a dû abattre son assaillant après avoir vainement tenté de le maîtriser. Cela dit, expliquez-moi donc par quel tour de passe-passe un fœtus qui ne peut même pas encore bouger peut s'en prendre à la vie de quelqu'un.

Ce n'est pas tout. Vous avez l'art de voir des contradictions là où il n'y en a pas. Parce que l'Église tolère la peine de mort dans certaines circonstances extrêmes (2266) tandis qu'elle n'admet aucune exception susceptible de justifier l'avortement (2272), vous concluez qu'elle accorde tantôt une valeur absolue à la vie humaine, tantôt pas, et vous l'accusez d'incohérence. C'est un peu rapide. [...] J'ajoute que le faux problème que vous soulevez n'aurait jamais vu le jour dans votre esprit si vous aviez pris la peine de considérer plus attentivement la définition que le catéchisme donne du meurtre en 2261. Car, contrairement à ce que vous dites, monsieur, le meurtre ne se réduit pas à la «simple action de tuer un être humain», mais il consiste à supprimer la vie d'un innocent. Or, il se trouve que le criminel qu'on conduit à la potence n'est justement pas innocent. En conséquence, un esprit le moindrement doué voit tout de suite que sa mise à mort ne saurait être une exception à l'interdit du meurtre, comme vous le prétendez. Et c'en est fait de la prétendue contradiction que vous dénonciez.

Confondre la vie humaine et vie humaine innocente est aussi ridicule que de ne pas voir une mouche dans un verre de lait. Pour un «analyste» qui a publié «plusieurs ouvrages» et qui veut s'adresser à des lecteurs attentifs, c'est un peu décevant.

Cher Monsieur Lamoureux,

Je serais tenté de dire que je vois plein de mouches dans votre verre d'eau bénite…, etc. mais, comme je pourrais être votre grand-père, je n'ai pas droit au sarcasme facile. Par ailleurs, ne doutant pas de votre sincérité, je tenterai de vous convaincre… de douter un tout petit peu de vos certitudes. Cela rendrait le plus grand service à vos paroissiens:

1- Auriez-vous pensé que quiconque accusait le fœtus d'être l'agresseur? Ne croyez-vous pas que la fille de quinze ans violée par son père est une victime? C'est elle qui est réellement agressée. Je ne suis pas le premier à suggérer la comparaison entre sa situation et d'autres circonstances que l'on associe habituellement à la «légitime défense».

2- Je note que vous n'avez pas commenté le témoignage de Mgr Bertrand Blanchet sur la compassion que lui inspire la victime d'un viol. Vous n'avez pas noté, non plus, que l'archevêque et biologiste dit partager en cela l'opinion de quelques moralistes sérieux.

3- Vous n'ignorez pas que la conscience universelle condamne le meurtre. Dans combien de pays associe-t-on automatiquement l'avortement à un meurtre?

4-Vous semblez ignorer que beaucoup de représentations on été faites à Rome sur l'incongruité d'ouvrir la porte à la peine de mort, alors que le magistère voudrait voir un meurtre dans tout avortement, quelqu'en soient les circonstances. Si bien, vous l'ignorez aussi, que les rumeurs vont bon train à Rome que ce paragraphe sur la peine de mort sera l'un des amendements contenus dans la révision promise par le cardinal Ratzinger pour l'année 1997. Qui sait, lors d'un prochain concile, peut-être amendera-t-on aussi le paragraphe sur l'avortement? Dans l'une ou l'autre hypothèse, vous devrez revoir votre leçon de morale!

L'Esprit est à l'œuvre dans l'Église. Il éclaire l'ensemble du Peuple de Dieu.

Chapitre 9
Hétéro ou homo: libre choix?

DEPUIS saint Augustin, le magistère de l'Église catholique s'est identifié comme le grand spécialiste et le gardien d'une certaine morale sexuelle... figée depuis des siècles. Sur tous les thèmes traités jusqu'à maintenant, la position du magistère actuel de l'Église a grand besoin d'être révisée. Qu'en est-il de l'homosexualité masculine et du lesbianisme? Voyons ce qu'en dit le catéchisme publié en 1992.

> **2358** Un nombre non négligeable d'hommes et de femmes présentent des tendances homosexuelles foncières. Ils ne choisissent pas leur condition homosexuelle; elle constitue pour la plupart d'entre eux une épreuve. Ils doivent être accueillis avec respect, compassion et délicatesse. On évitera à leur égard toute marque de discrimination injuste.

On y lit aussi:

> S'appuyant sur la Sainte Écriture qui les présente comme des dépravations graves, la Tradition a toujours déclaré que *les actes d'homosexualité sont intrinsèquement désordonnés* [...]
> Les personnes homosexuelles sont appelées à la chasteté.

C'est le mot «dépravation» qui fait problème dans ce texte. Le Petit Larousse nous dit que cette expression signifie: corruption, avilissement! Est-ce bien le mot juste? On pourrait parler de «dépravation» pour une personne, homme ou femme, qui coucherait cinq ou six fois par jour avec des partenaires variables. J'ai connu un médecin qui faisait cela. Il était hétéro, mais son appétit sexuel était tel que l'on eût pu parler de dépravation (ou de maladie?). Comme on pourrait le faire pour ces homosexuels que Cyril Collard, le réalisateur du film, *Les nuits fauves*, nous a montrés faisant la tournée incessante des lupanars pour homosexuels et bisexuels. Mais qu'en est-il du garçon ou de la fille qui, ne ressentant aucun attrait pour le sexe opposé, développe un amour réel, et charnel, pour une personne de son sexe et décide de former un couple? J'en ai connu à qui le terme de «dépravés» ne saurait être attribué. Certains de mes amis ont un fils «gay» ou une fille lesbienne... qui ne sont pas des «dépravés». Quoi qu'en aient dit les Écritures, à une époque où la psychologie n'était pas très développée!

Nous savons que la nature produit des «exceptions». Par exemple, un bébé manchot ou borgne. On a vu, tout récemment le cas, unique apparemment, d'un bébé dont le sang n'est, génétiquement, que féminin. Y aurait-il une cause biologique ou génétique à la source de l'homosexualité? Certains chercheurs le croient. Des expériences scientifiques pointeraient dans cette direction, mais ne permettent pas encore de conclure. Les médecins de l'âme, psychiatres et psychanalystes, s'intéressent aussi depuis longtemps à la question de la réversibilité de l'homosexualité. À laquelle est liée, bien entendu, le problème de la liberté, donc de la responsabilité morale. De ce côté, les opinions sont partagées. Si l'homosexualité provient d'un arrêt dans le développement psycho-affectif de l'enfant, cet arrêt peut-il se corriger à l'âge adulte? Personne n'est très catégorique à ce sujet. Pas même le catéchisme officiel de l'Église catholique! On y écrit, en effet, que ces personnes «ne choisissent pas leur condition homosexuelle». Pourtant, le jugement que ces moralistes portent sur les actes des personnes homosexuelles ne tient pas compte de cette constatation.

Le catéchisme évoque le passage de la Genèse qui porte sur Sodome et Gomorrhe. On doit aussi rappeler le paragraphe 27 du chapitre 1 de la Genèse: «Dieu créa l'homme à son image, à l'image de Dieu il le créa; mâle et femelle il les créa.» Ne doit-on pas interpréter que le fruit de l'amour de l'homme et de la femme qui, pour des raisons encore imparfaitement expliquées, développe une attirance vers les personnes de son propre sexe recherche, elle ou lui aussi, la complémentarité masculin-féminin, mais elle ou il le fait avec les moyens qui lui sont attribués? Qui peut décider que ces personnes doivent renoncer à toute expression charnelle, sexuelle, du seul amour dont elles se sentent capables?

Sur l'homosexualité, j'ai longtemps pensé comme le catéchisme. Je ne peux plus depuis que la question a pris, à mes yeux, un visage, des visages, de personnes avec qui j'ai été appelé à travailler ou de personnes qui me sont devenues proches, par leurs parents, par exemple.

Je souhaiterais maintenant, comme bien d'autres catholiques, que le catéchisme soit ouvert à l'exception pour la règle de l'hétérosexualité, comme pour celle du respect dû au fœtus. L'Église du Christ doit manifester la plus grande compassion pour toutes les douleurs humaines, un soutien à toutes les soifs authentiques de bonheur et une confiance réelle dans la conscience individuelle de tous les humains.

La sagesse collective que nous mettrons à bâtir des consensus, tant au plan religieux qu'au plan politique, sur les normes de moralité en matière de sexualité, aura une grande influence sur le bonheur individuel et la paix sociale pour les générations à venir. Dans la plupart des pays, la pratique de l'homosexualité masculine et du lesbianisme entre adultes consentants est maintenant légalisée. Souvent même, et cela est fort bien, les chartes des droits requièrent que l'on évite toute discrimination en raison de l'orientation sexuelle de citoyens en matière d'embauche, de logement, de droits économiques, tels les pensions, etc.

Un cas qui est ardemment discuté est celui du droit à l'adoption. Voilà un problème où l'État a certainement le droit de légiférer, mais où les religions ont aussi voix au chapitre. C'est le bien de l'enfant qui est ici en cause. On peut parfaitement reconnaître, même d'un point de vue religieux, le droit de deux adultes de même sexe à former un couple si c'est là l'orientation qui leur est «imposée» par une impulsion que ces personnes jugent personnellement irrésistible. Mais cela ne leur donne pas le droit de servir de «modèle» à des enfants qu'elles adopteraient. Permise par la loi et même autorisée par la morale religieuse, la formation d'un couple homosexuel ne saurait être considérée, au plan normatif, sur le même pied que le couple hétérosexuel pour les fins de l'éducation des enfants. Une société ne saurait rester indifférente au risque que représente la multiplication du nombre de couples homosexuels. Peut-on imaginer les problèmes que causerait une égalité numérique du nombre de couples homos et hérétos? Je soumets comme hypothèse de travail que l'on doit admettre, aux plans civil et religieux, la liberté des homosexuels à leur propre choix de vie, mais je n'admettrais pas que l'on semble postuler que ce choix est indifférent. La norme demeure l'hétérosexualité. Mais, on a le droit d'être hors-norme, dans la mesure où l'on n'implique que soi-même, ce qui n'est pas le cas en matière d'adoption. Je ne m'attends pas à faire l'unanimité autour de mon hypothèse. Mais enfin, j'ai aussi droit à mon opinion, non?

Le point de vue d'un théologien

Richard A. McCormick, s.j.

[...] Ce fut toujours et demeure la conviction de l'Église (fondée sur des arguments bibliques, anthropologiques, philosophiques et sur sa propre expérience et réflexion) que l'expression sexuelle de l'amour interpersonnel offre les meilleures chances de développement et d'humanisation — par conséquent, pour notre croissance comme personnes aimantes, dans le Christ, si cette expression est structurée dans une relation homme-femme permanente et exclusive. En conséquence, l'Église invite tous les hommes et toutes les femmes à rechercher cet idéal, dans leur propre intérêt. Dans son ministère, elle s'efforce donc, par considération et respect pour la personne, d'éviter, d'éloigner ou d'atténuer toute entrave qui rendrait plus difficile ou impossible cet objectif.

Si, cependant, une personne est incapable de réaliser une intimité sexuelle dans le cadre d'une telle relation (parce qu'elle est irréversiblement homosexuelle) et n'est pas appelée au célibat ecclésiastique, la présence libératrice et le support de la communauté (chrétienne) prendra une autre forme. Dans ce cas, l'Église et ses ministres devront agir comme une présence libératrice envers l'homosexuel: a) en l'invitant à s'approcher

des qualités de l'engagement permanent entre
homme et femme par l'observation de la fidélité et
de l'exclusivité; b) en aidant la personne à développer les attitudes altruistes et affectives qui
rendent cet objectif possible; c) en accordant le
soutien sacramental et social de l'Église; d) en
condamnant et combattant toute discrimination ou
oppression sociale, légale ou ecclésiastique envers
les homosexuels[27].

Ces deux paragraphes sont extraits d'un texte que
l'auteur intitule: *Une modeste suggestion*, sur l'attitude qu'il souhaiterait voir adopter par l'Église. Je ne
saurais trop recommander la lecture de l'ensemble du
livre à ceux et celles qui veulent étudier en profondeur les problèmes pastoraux et la morale sexuelle à
la lumière d'une théologie adaptée à notre temps.

Le point de vue d'un évêque

Jacques Gaillot, évêque de Partenia

Les homosexuels ne trouvent leur place ni dans la
société ni dans l'Église. Dans l'Évangile, Jésus ne
marginalise personne. Il se porte d'emblée vers
ceux que la société délaisse. Or ce sont les exclus
de toutes sortes qui ont compris et accueilli avec
joie la parole libératrice de Jésus, tandis que les
responsables de la loi se sont fermés à son enseignement. Les communautés chrétiennes auraient
tort d'ignorer les homosexuels[28].

Chapitre 10
Les homosexuels devraient-ils avoir accès à la prêtrise?

POSER la question dans l'Église catholique ferait scandale. Non pas parce que le problème ne se pose pas. Mais parce qu'on n'accepte pas d'en discuter. J'ai cependant eu l'occasion d'en parler avec un prêtre anglican et avec un pasteur de l'Église Unie.

Mon premier interlocuteur est le révérend William Derby. Au moment où je l'ai rencontré, il était aumônier du Collège de théologie de l'Église anglicane, à Montréal. Je lui ai demandé si son Église acceptait une lesbienne ou un homosexuel avoué à la prêtrise?

Si vous m'aviez posé la question il y a cinquante ans, je vous aurais répondu: «bien sûr que non». Mais cela n'aurait pas éliminer le fait qu'il pouvait y avoir, qu'il y avait sûrement, dans le ministère, des hommes dont l'orientation sexuelle était vers des personnes de leur sexe, dont l'amour et son dynamisme, les poussaient vers d'autres hommes. Ce phénomène était bien connu de plusieurs personnes dans l'Église, mais on insistait sur le fait que les clercs ne devaient pas présenter aux fidèles un «modèle» homosexuel. La tradition et l'ensei-

gnement continus dans notre Église sont à l'effet
que les personnes dont l'orientation naturelle est
vers l'homosexualité peuvent être ordonnées, mais
qu'elles doivent renoncer aux manifestations géni-
tales de l'amour. On se trouve donc en situation
d'un célibat imposé. Maintenant, diverses
tendances se manifestent. Certains acceptent la
position traditionnelle, tandis que d'autres se
demandent comment cette orientation peut être
vécue? Cela les place dans la position d'objecteurs
de conscience par rapport au *statu quo*.

Mon second interlocuteur a été le pasteur Pierre
Goldberger, directeur du United Church College,
affilié à l'Université McGill. Il m'a expliqué
comment son Église avait évolué sur les questions
reliées à l'homosexualité, au point peut-être d'être
allée trop loin?

Sur cette question, nous avons la position la plus
controversée de toutes les Églises chrétiennes au
Canada. Je ne m'en vante pas. On en est arrivé à
discuter de l'homosexualité dans le cadre de
l'étude des rapports homme-femme. C'était au
milieu des années soixante-dix, donc après la révolution culturelle et sexuelle des années soixante.
Notre Synode pour tout le Canada, quelque cinq
cents personnes, en majorité des laïcs, se lancent
dans cette discussion sur «hommes et femmes, à
l'image de Dieu». Dans ce cadre surviennent les
avis de scientifiques, notamment d'endocrinolo-
gistes, de spécialistes des sciences humaines:
psychologie, psychiatrie… qui mettent sur la table
des informations dont la majorité d'entre nous ne

soupçonnions pas l'existence. On nous dit, notamment, que l'on ne peut pas faire de stéréotype masculin ni féminin, que nous sommes tous des combinaisons d'équilibres extrêmement divers sur la ligne de partage masculin-féminin. Il est question de la structure hormonale. On nous rappelle que l'ordre des psychiatres américains a radié l'homosexualité de sa liste de pathologies. Tout ce brassage d'idées nous amène à revoir notre position sur l'homosexualité. Nous avions des pasteurs homosexuels, nous avions des étudiants en théologie qui étaient homosexuels mais qui se cachaient dans les placards. Ces réalités tout à coup s'imposaient à nous. Finalement, en 1979, la question est formellement inscrite à l'ordre du jour. Tenant compte des composantes biologique, culturelle et sociopsychologique, nous arrivons à la conclusion que certaines personnes ont une orientation sexuelle, qu'elles n'ont pas nécessairement choisie. Il peut y avoir des déviants chez les homosexuels, comme il y en a chez les hétérosexuels, mais l'homosexualité n'est pas, en tant que telle, une déviance.

On est obligé d'admettre qu'il y a des relations homosexuelles qui sont porteuses de vie, de soutien et d'enrichissement mutuels. Entre-temps, survient la question de l'ordination des homosexuels qui se déclarent tels. On fait trois Synodes là-dessus. À la fin, nous disons «oui». Ça n'a pas été une décision facile. C'est encore très contesté.

Je souhaiterais que le magistère de mon Église soit plus ouvert au débat public sur tous les problèmes reliés à la morale sexuelle. Personnellement, je crois que l'Église Unie est allée trop loin en acceptant d'accueillir comme pasteurs des homosexuels actifs. Et ce, pour la même raison que j'aurais tendance à ne pas reconnaître un «droit à l'adoption» à un couple homosexuel. À ce propos, je lisais récemment qu'au Danemark, pays progressiste s'il en est, on a établi pour les couples homosexuels un contrat de «partenariat» en lieu et place du terme «mariage». Ce contrat donne droit à tous les bénéfices sociaux auxquels les couples hétérosexuels ont droit, mais il ne permet pas aux «partenaires» d'agir comme parents adoptants. À l'inverse, je lisais récemment une dépêche annonçant que les couples homosexuels new-yorkais viennent de se voir reconnaître par la cour d'appel de l'État de New York le droit à l'adoption. Il s'agit là d'un type de question où l'Église a parfaitement le droit de faire valoir ses vues, où les chrétiens sont probablement divisés entre eux et où, de toute manière, la décision revient à la société civile. Par ailleurs, rien ni personne ne peut empêcher les communautés chrétiennes de tenir aussi leur débat interne et d'éclairer la conscience des croyantes et des croyants dans une décision personnelle qui peut fort bien aller au-delà de la loi.

Le point de vue d'un porte-parole du milieu

Dans le quotidien *La Presse* du 13 mai 1996, M. Roger Leclerc, président du Centre des gais et lesbiennes de Montréal répliquait à un article où j'exprimais, en plus bref, les idées reproduites dans ce chapitre. Voici son propos:

> Faisant appel au «choix» que nous faisons de notre orientation sexuelle, l'auteur en appelait au magistère de l'Église pour revoir sa position en fonction des nouvelles connaissances de la psychologie... Il élaborait sur le concept de dépravation grave en soulignant que les homosexuels-les ne sont pas des dépravés en soi. Je ne peux que me réjouir d'un tel texte. Malheureusement, les derniers paragraphes viennent gâcher la sauce. L'auteur met en doute le bien-fondé du geste de l'Église Unie qui serait allée trop loin «en acceptant d'accueillir comme pasteurs des homosexuels actifs». Le moins qu'on puisse dire, c'est que cette affirmation étonne. En effet, l'auteur suggère-t-il que la reconnaissance des homosexuels les pourrait être partielle? Aurait-il suggéré, il y a deux cents ans, que les femmes n'avaient qu'une demi-âme au moment où ce sujet était abordé? Aurait-il dit, au moment des débats sur le sujet, que les Noirs étaient des êtres demi-inférieurs? L'Église Unie a non seulement fait preuve de courage, mais surtout, d'une grande logique de pensée. Vraiment! Quand cesserons-nous de questionner jusqu'à quel point les homosexuels sont normaux? Que l'Église nous refuse «sa» morale, cela est peut-être compréhensible, quoique j'aimerais bien qu'on me démontre dans la

> parole de Dieu cette vérité. Mais que l'Église tente
> de justifier une demi-reconnaissance, c'est joindre
> l'injure à l'insulte. Cela suffit!

J'ai toujours souhaité un débat public sur les questions de morale sexuelle. Je ne puis donc que me réjouir de la réaction de M. Leclerc à mes propos. C'est à mon tour de réagir brièvement aux siens:

1- Je ne saurais, en aucune façon, parler au nom de l'Église. Je suis un baptisé... qui se sent libre de parler en son propre nom dans l'Église.

2- Dans l'état actuel de mes réflexions sur l'homosexualité, j'ai argumenté que celle-ci était acceptable, non pas comme un choix que chacun, chacune, pourrait faire comme on choisit la couleur de ses vêtements ou le métier que l'on veut exercer, mais plutôt comme une orientation sexuelle légitime pour ceux ou celles que la biologie (peut-être?) et le psychisme sûrement dirigent dans cette voie.

3- Grosso modo, les femmes et les hommes forment, respectivement, la moitié de l'humanité. Pourrait-on imaginer qu'à la suite d'un «choix libre», les homosexuels et les hétérosexuels se partagent en nombre égal? Une telle hypothèse paraît invraisemblable. L'Église catholique a certainement exagéré en se prétendant la seule ou la meilleure interprète de la loi naturelle, mais les chrétiens ont le droit et le devoir de réfléchir sur les volontés du créateur qui s'expriment dans la loi naturelle. Je maintiens, pour ma part, que les homosexuels ont certainement des droits, mais ils n'ont pas tous les droits. Personne ne les a tous.

4- En ce qui concerne le droit à l'adoption, il me semble que l'on peut argumenter que les enfants, pour se développer le mieux possible, ont besoin d'une image paternelle et d'une image maternelle. Que ces images ne soient pas toujours parfaites ne change rien au besoin de l'enfant.

5- Je suis d'accord avec la récente législation fédérale visant à étendre aux homosexuels le droit à la non-discrimination. Cela devrait éviter la discrimination en matière d'emploi, de logement, peut-être même de bénéfices sociaux. L'avenir le dira. Mais je ne souhaiterais pas, et je ne crois pas, que cela ouvre la porte au «mariage» ou à l'adoption. Il me semble également que la non-discrimination ne saurait donner à un pédophile l'accès au métier d'enseignant.

6- Quant à l'accès au sacerdoce, on aura noté que l'Église Unie était et demeure encore divisée (sans jeu de mots!) C'est un problème trop complexe pour être traité en quelques paragraphes. Je souhaite, encore une fois, que toutes ces questions soient débattues librement dans mon Église et sur la place publique. Ce sont des questions d'intérêt public.

Chapitre 11
Le nouveau rapport homme-femme dans le monde et dans l'Église

EN un demi-siècle, le rapport homme-femme s'est transformé davantage que ce n'avait été le cas depuis le début de l'ère chrétienne. Du moins en ce qui concerne le monde occidental. Cette révolution, qui sera peut-être jugée par les historiens du prochain millénaire comme la plus importante que nos sociétés aient connue, n'a pourtant pas été l'objet d'autant de recherches que ce fut le cas pour les révolutions industrielle, technologique, informatique...

Et pourtant. La vie familiale en a été transformée, tout comme le marché du travail, le marché immobilier, la vie professionnelle, la vie culturelle, sans oublier la vie religieuse. Les professions les plus traditionnellement «mâles»: la médecine, le génie, le droit; les occupations que l'on eut cru impossibles pour les femmes: policier, pompier, soldat, pas plus que les fonctions de député, de ministres ou de premiers ministres... rien n'a résisté à la montée de l'égalité homme-femme... sauf les fonctions ecclésiastiques!

Dans une lettre apostolique publiée en 1994, le pape Jean-Paul II a déclaré que l'Église n'avait pas le pouvoir de conférer l'ordination sacerdotale aux femmes et que cette doctrine devait être tenue pour définitive. Cette décision pontificale a provoqué émoi, souffrance et colère chez beaucoup de femmes actives dans l'Église.

D'autant que ce point de vue est loin d'être partagé par l'ensemble des théologiens et que bon nombre d'évêques s'étaient déjà déclarés d'avis contraire. Durcissant encore sa position, le Vatican vient d'affirmer, par la voix de la Congrégation pour la doctrine de la foi, que la doctrine énoncée par Jean-Paul II «exige un assentiment définitif parce qu'elle est fondée sur la parole écrite de Dieu...» Et la Congrégation de déclarer que cela fait partie du dépôt de la foi.

Pourtant, dans les années soixante-dix, la Commission biblique pontificale s'était dit d'avis, à une forte majorité, qu'il est impossible de prouver, par le recours à des textes du Nouveau Testament, que Jésus n'a pas voulu ordonner de femmes.

Les membres du Peuple de Dieu pourraient, à la rigueur, comprendre que le pape actuel ne se sente pas autorisé à ordonner des femmes, ni même des hommes mariés, mais il leur sera très difficile, sinon impossible, de croire que Rome peut prendre aujourd'hui une décision qui engage les siècles à venir sur une question semblable.

La terre tournait vraiment autour du Soleil quand le tribunal de l'Inquisition condamna Galilée pour l'avoir affirmé. En 1992, Jean-Paul II s'est excusé de cette erreur passée! Je crois qu'un jour, le «sensus fidelium» imposera une véritable égalité entre les hommes et les femmes dans l'Église et qu'un pape à venir aura à s'excuser pour ce qui se passe aujourd'hui à Rome.

Mais, entre-temps, l'Église aura beaucoup souffert de cet excès d'autoritarisme.

Le point de vue d'une théologienne

Elizabeth A. Johnson,
professeure de théologie

J'ai l'impression que ceux qui s'opposent à l'ordination des femmes en viennent à utiliser l'argument d'autorité faute de mieux. Ils font valoir trois motifs: l'exemple de Jésus, la tradition continue et la représentation symbolique du Christ.

À propos du premier motif, rappelons aussi clairement que possible que Jésus n'a jamais ordonné douze hommes, établissant ainsi un sacerdoce définitivement masculin. Une telle interprétation est un anachronisme projeté rétroactivement vers les Évangiles à la lumière de développements subséquents. En vérité, les études bibliques démontrent que Jésus n'a jamais ordonné qui que ce soit; qu'une distinction s'impose entre les douze apôtres et les disciples; et que des femmes figurent parmi les apôtres et les disciples les plus fidèles. Et même

111

si Jésus avait ordonné douze hommes, cela ne serait pas une justification pour l'Église de ne pas ordonner de femmes. L'Esprit peut inspirer à l'Église de faire des choses que Jésus n'a pas faites mais qui soient en accord avec l'esprit de l'Évangile dans le cours de l'histoire.

Quant au second motif (la tradition continue) l'histoire de l'Église est remplie de cas de traditions anciennes rompues en raison de la sensibilité morale des croyants, des percées de la pensée critique, de prudentes recherches de la part du pouvoir enseignant de l'Église; le tout convergeant dans le contexte de changements culturels. Il fut un temps où l'enseignement officiel de l'Église considérait comme défendu le plaisir que les époux pouvaient éprouver au cours des relations maritales; que, par ailleurs, le fait de tuer des infidèles était un moyen de salut; qu'il était interdit d'exiger un intérêt sur un prêt d'argent; que l'esclavage était permis; que la discrimination contre les Juifs était légitime; que les étudiants en Écriture Sainte ne pouvaient pas utiliser la méthode historico-critique. Comment savoir si l'enseignement sur l'ordination des femmes peut se prêter à semblable évolution? Dans «*The Survival of Dogma*», Avery Dulles allègue le principe suivant: «Aucune décision doctrinale du passé ne peut résoudre un problème qui n'était pas posé à son époque.» Par exemple, le fait que Paul, cité par Trent, affirme qu'Adam était une seule personne ne saurait être utilisé comme argument contre le polygénisme; la question ne s'étant pas encore posée. [...]

Quant au troisième motif, il faut affirmer clairement que les femmes sont des images, des icônes du Christ d'une façon essentielle. Il y a une ressemblance entre les femmes et Jésus-Christ par leur commune humanité et leur participation à la grâce divine. Enseigner autre chose constitue une erreur pernicieuse qui vicie la force du baptême. Il est naïf de réduire la ressemblance au Christ au fait physique qu'il était un mâle, et cela s'écarte tellement des Écritures et comporte une telle distorsion au plan théologique que cela est dangereux pour la foi elle-même[29]».

Chapitre 12
Les fruits de l'amour

L'AMOUR conjugal porte, tout naturellement, deux variétés de fruits: l'enrichissement mutuel, sur les plans affectif, spirituel et intellectuel des deux conjoints, enrichissement que la venue de l'enfant fera croître de façon insoupçonnée tant que l'on n'a pas vécu l'expérience. Lorsque cette parentalité se prolonge dans la génération de petits-enfants, il faut alors parler du trésor le plus précieux que l'on puisse espérer dans un monde si mystérieusement partagé entre le bonheur et ses contraires.

Il fut déjà question, dans une réflexion précédente, des grandeurs et difficultés de la relation homme-femme à l'intérieur du couple. Il est temps de méditer ensemble sur le fruit jumeau: l'enfant.

Le premier regard, le premier sourire, le premier mot, le premier pas, les premiers jeux, les premiers cris de joie... les parents les moins bien préparés à recevoir ces sublimes cadeaux de la nature en ont été émerveillés. La première fièvre, la première diarrhée, le premier membre cassé... les conjoints encore inexpérimentés en furent très inquiets.

Dès le deuxième enfant, on se sent plus en confiance pour traverser les petits malheurs tout en demeurant sensibles au premier sourire, au premier regard, au premier mot...

On pourrait décrire la parentalité comme la somme des joies et des angoisses, des patiences et des impatiences qui, au fil des jours, et des nuits, ont marqué l'évolution de la jeune, puis de la moins jeune famille. Mais ce ne sont là que généralités. Pour rendre un juste compte des métiers» de père et de mère, il faudrait énumérer les situations qui ont permis aux parents d'évoluer dans leurs pensées et dans leurs comportements à mesure que leur rôle d'accompagnatrice et d'accompagnateur les obligeait à suivre à la trace l'évolution de ce fruit de leur amour auquel ils avaient contribué une part de leurs propres gènes et beaucoup de leur attention et de leur temps.

Parlant de temps, je veux dire ici mon espoir, ma conviction même que les générations nouvelles, qui expérimentent une plus grande égalité à l'intérieur du couple, en arriveront à réaliser une parentalité possiblement plus satisfaisante pour eux-mêmes et pour leurs enfants. Avec l'avènement généralisé du phénomène de la carrière parallèle du père et de la mère, la tradition du «père absent» tendra forcément à se résorber. Les deux parents seront appelés à une présence alternative auprès de leurs enfants. Et cela devrait s'avérer très positif. Certes, il ne faut pas rêver, sinon éveillés dans ce cas. Car l'adaptation des couples et de la société à cette nouvelle donne sera longue et pénible. Pour qu'elle se réalise, il faudra y investir beaucoup d'efforts. Mais cela en vaut la peine. Pour ma part, j'envie les jeunes pères qui participent de plus près que je n'ai pu le faire à l'évolution de leurs enfants.

Pour en revenir aux gènes, il importe de ne pas présenter la filiation naturelle comme un absolu. Essentiellement, c'est l'amour qui crée la mère, qui crée le père. C'est la tendresse échangée dans les regards et dans les gestes quotidiens au fil des années. C'est pourquoi les parents adoptants peuvent connaître un attachement aussi profond pour les petits êtres qu'ils ont choisi d'aimer même s'ils ne leur ont pas donné la vie.

Il ne faut pas, non plus, ignorer le fait que chaque être humain a besoin de plus d'une image maternelle, de plus d'une image paternelle pour se développer à la limite de ses possibilités. Aucun parent n'est parfait, aucun parent ne peut suffire à la tâche colossale qui consiste à faciliter la formation d'un homme ou d'une femme, c'est-à-dire à mettre en valeur tous ses talents. Il faut 6 mois pour faire un chat, il en faut 240 pour amener un humain à maturité!

Cette formidable exigence laisse donc une grande place à toutes les maternités et paternités spirituelles. Les autobiographies et autres confidences nous ont indiqué les proportions variables des héritages paternels ou maternels en provenance des parents biologiques et de leurs compléments. C'est certainement là que résident les plus grandes inégalités dans la richesse spirituelle et affective entre les humains. Une naissance en milieu désavantagé a pu être compensée par des «rencontres» si riches que l'enfant soit passé du bas de l'échelle à une situation beaucoup plus enviable. Cette filiation ascendante a sa contrepartie. Aucun être humain, il me semble, ne peut atteindre sa propre maturité sans avoir été, d'une façon ou d'une autre, le père ou la mère de quelqu'un.

La tradition de l'Église qui décrit l'enfant comme le fruit naturel du mariage et de l'amour est bien fondée. Malheureusement, la réflexion spirituelle et pastorale sur cette si importante fonction parentale a été beaucoup occultée par l'obsession maladive à combattre le plaisir sexuel des époux et son rôle fondamental dans le développement du couple et des enfants qui en sont issus.

Je serais tenté d'appliquer à la parentalité les versets 16 et 17 du chapitre 15 de l'Évangile de Jean:

> Ce n'est pas vous qui m'avez choisi, c'est moi qui vous ai choisis et institués pour que vous alliez, que vous produisiez du fruit et que votre fruit demeure: si bien que tout ce que vous demanderez au Père en mon nom, il vous l'accordera. Ce que je vous commande, c'est de vous aimer les uns les autres.

Si nous croyons que derrière le *big bang* et les autres étapes de l'évolution de la nature, il y avait, il y a, et il y aura toujours ce Dieu mystérieux dont le Christ fut le Témoin parmi les hommes, nous devons lui attribuer la décision de nous avoir associés, collectivement et individuellement, à cette merveilleuse reproduction de la vie, dont nul n'a encore percé l'origine ou la fin. C'est cette extraordinaire transmission de la vie qui nous attache à la terre. Nous voudrions voir ce qu'il arrivera de nos arrière-arrière petits-enfants. «Que votre fruit demeure». Mais, paradoxalement, c'est aussi cette même transmission de la vie et de l'amour qui diminue, il me semble, l'inévitable angoisse de la mort. À cet égard, toute paternité, toute maternité devrait engendrer ce sentiment de la continuité, de la prolongation de la vie dans l'héritage. On me permettra de dire, sans chauvinisme, qu'à cet égard, le lien génétique procure une satisfaction spéciale. Cette prétention permettra à celles et ceux qui assisteront à ma mort de m'interdire les trop fortes lamentations. Il faut être logique!

Ma femme et moi avons eu le bonheur de donner la vie à cinq enfants, une fille et quatre garçons. Quatre belles-filles se sont ajoutées au cours des années. Et nous voilà, au moment où j'écris ces lignes, dotés d'un trésor qu'aucune loterie au monde ne peut nous offrir: onze petits-enfants! Six filles et cinq garçons, de un an et demi à vingt-trois ans*. C'est dire qu'à deux reprises et pour de longues périodes, nous avons été témoins de cette merveille qu'est la croissance humaine. Deux fois, et dans des postes d'observations différents, nous avons assisté aux découvertes de la petite enfance: les premiers sourires, les premiers mots, les premiers pas... puis, la pré-adolescence et ses brusques transformations, l'adolescence, ses déchirements, ses nécessaires mais parfois dramatiques émancipations; et finalement, l'approche de la maturité, où les parents doivent devenir des amis et respecter l'autonomie des êtres qu'ils seraient fort tentés (certains ne résistent pas à la tentation) de mouler à leur image. Encyclopédie vivante pour toutes les générations qui y participent, la famille élargie permet aux plus vieux de se mettre au parfum des générations montantes pendant que les plus jeunes semblent apprécier l'occasion de dialoguer avec des adultes parfois moins pressés que leurs parents! D'ailleurs, les humains ont toujours eu besoin de plus d'une image paternelle et maternelle pour les inspirer dans leur évolution.

Plusieurs de nos amis connaissent ce grand bonheur d'être les aînés d'une véritable tribu. Hélas,

---

*   Hélas, depuis la rédaction de ce manuscrit, nous avons connu un deuil très douloureux, dont j'ai rendu compte dans la dédicace. Nous avons perdu l'aînée de nos petits-enfants.

ces merveilleux fruits de l'amour sont souvent malmenés par la modernité. Le rythme effréné de la vie dans beaucoup de jeunes familles, la rareté ou le coût prohibitif des garderies, le manque de souplesse des horaires de travail des deux parents… sont autant d'embûches qui en effraient ou découragent plusieurs.

Les communautés chrétiennes, si elles veulent encourager la stabilité des couples et des familles, doivent être aux premiers rangs du combat politique pour accorder priorité aux nouveaux besoins de la famille moderne. Mais elles doivent faire davantage. Dans leur propre cadre, ces communautés de croyants doivent développer des outils modernes de ressourcement spirituel qui conviennent aux réalités concrètes de la vie d'aujourd'hui.

Les hommes et les femmes des nouvelles générations ont autant besoin de Dieu que les humains de tous les siècles passés. Mais comment comprendraient-ils le langage d'une Église qui n'écoute même pas ce qu'ils ont à dire? Pour dialoguer, il faut être deux et parler la même langue.

Conclusion

On n'a pas le droit d'espérer si on ne lutte pas; on n'a pas le courage de lutter si on n'espère pas.[30]
André Naud

LA conclusion principale que je tire de mes réflexions des dernières années, c'est que le seul espoir d'arrimer notre Église et les valeurs de la modernité, réside dans une implication importante, massive si possible, des laïcs qui, vivant dans le monde, ne sont pas aveuglés, apeurés, muselés par la culture cléricale qui étouffe l'Église catholique. Beaucoup de celles et ceux qui liront ce livre sont sans doute du nombre des «distants» par rapport à l'institution Église. S'ils ont quitté, c'est qu'ils se sentaient incompris. Peut-être aussi ne savaient-ils pas qu'ils auraient pu contribuer à l'évolution de l'immense entreprise, vieille de deux mille ans, dont la vocation est de porter la Bonne Nouvelle aux hommes et aux femmes de tous les temps, de toutes les cultures. Dans les pages qui suivent j'aimerais leur faire visiter, non pas les collines de Rome et les splendeurs de la chapelle Sixtine, mais la maison du Peuple de Dieu. Cela nous entraînera à découvrir les rouages de la grosse machine administrative dont la lourdeur et la vétusté portent ombrage à l'Homme de Nazareth, fils de Dieu et chef véritable de cette Église dont il a confié la gouverne à des humains comme vous et moi.

Comme membre du Peuple de Dieu, même si mon illustre homonyme me réduit régulièrement, comme vous tous, au statut de «simple fidèle», je dénonce la tragique incapacité du magistère actuel de l'Église à lire les signes des temps. Je supplie les générations qui suivent la mienne de ne pas confondre la Bonne Nouvelle apportée au monde par le Christ, avec la liste d'interdits diffusée sans relâche par le Vatican ni avec la peur maladive de la modernité que reflètent les nombreuse encycliques de Jean-Paul II.

À la mort du pape actuel, le choix d'un successeur qui soit capable d'une juste évaluation des grandeurs et misères de la culture moderne et qui, en conséquence, puisse convenir avec le défunt cardinal Yves Congar que «L'avenir de l'Église, c'est d'être présente à l'avenir du monde», pourrait marquer un pas significatif vers une Église qui reprendrait les orientations pastorale, théologique et œcuménique amorcées par le Concile Vatican II. Mais, cela ne saurait suffire à relever le défi d'interpréter le message du Christ en des termes qui puissent toucher le cœur et l'esprit des femmes et des hommes engagés dans le tourbillon de la modernité.

Si la tradition séculaire de l'Église a pu maintenir jusqu'à ce jour les caractéristiques d'une monarchie absolue, c'est que Rome abrite un contre-pouvoir d'une très grande puissance: la bureaucratie vaticane. Le gouvernement de l'Église, présidé et dirigé par le pape, compte actuellement trente et un cardinaux (sur les 120 qui éliront le prochain pape) et un nombre considérable d'évêques, de prélats et autres clercs. Les seuls fonctionnaires romains chargés de quelque pouvoir qui ne soient pas des clercs sont des membres de l'Opus Dei. Aujourd'hui, comme depuis le jour de leur création, ce sont des clercs célibataires, et néanmoins cardinaux, qui président la Commission pontificale de la famille et celle qui est responsable du laïcat! Il en est de même pour tous les secteurs de l'administration vaticane.

Si vous êtes de celles et ceux qui croient que la situation inconfortable où se trouve notre Église dans la plupart des pays occidentaux sera automatiquement réglée par la venue du prochain pape, vous me permettrez de soumettre votre optimisme à un test fort simple. Comme exercice de départ, je vous suggère la lecture de deux livres du regretté Peter Hebblethwaite:

— *John XXIII, pope of the Council,* publié chez Goffrey Chapman, Londres, 1985.
— *Paul VI the First Modern Pope,* Paulist Press, New York, 1993.

Je crois que les deux livres sont maintenant disponibles en français mais, pour ceux et celles qui ont l'habitude de lire l'anglais, l'original est préférable... et beaucoup moins dispendieux!

Ce que m'a apporté la lecture de ces deux excellentes biographies, c'est d'abord la démonstration convainquante du fait que le pape, tout monarque absolu qu'il soit, partage avec les chefs de nos États démocratiques le défi d'orienter et de contrôler le travail d'une bureaucratie très puissante par elle-même. Le Concile Vatican II aurait poussé la mise à jour des positions pastorales de l'Église beaucoup plus loin si Jean XXIII avait été libre de renouveler la direction de la Curie avant la convocation du Collège épiscopal. Cela aurait libéré le Concile de la véritable opposition menée au cours des années 1962 à 1965 par l'administration vaticane. Le conservatisme de la Curie a pesé très lourd sur le pontificat du pape Roncalli, comme sur celui de son successeur, le pape Montini.

Le successeur de Jean-Paul II sera élu par 120 cardinaux électeurs (ayant moins de quatre-vingts ans d'âge) dont cent ont été choisis et nommés par lui (en date du premier janvier 1996). Le nouveau pontife héritera, dans son entourage immédiat, d'une véritable caste d'administrateurs professionnels, dont un bon nombre a fait carrière au sein de la Curie romaine, c'est-à-dire loin de la vie des Églises locales; loin de la vraie vie! Cet enfermement dans une véritable tour d'ivoire est une caractéristique commune à toutes les bureaucraties. Certes, les hauts fonctionnaires du Vatican ne sont pas inamovibles, mais Peter Hebblethwaite démontre clairement qu'il n'est pas facile pour un nouveau pape de chambarder l'attribution des rôles dans le gouvernement dont, en principe, il est le maître absolu. Seul le poids du Collège épiscopal réuni en concile au début des années soixante aura permis à ces deux pontifes successifs de trouver, temporairement, et partiellement, un contre-poids à l'influence dominante des fonctionnaires romains.

Paul VI avait imaginé la tenue de fréquents synodes des évêques, et, plus particulièrement des synodes dits «extraordinaires», réunissant les présidents des Conférences épiscopales des différentes régions, comme moyen de maintenir l'esprit et la réalité de la collégialité dans le gouvernement de l'Église. Après sa mort, de nombreux synodes ont eu lieu, mais le pape Jean-Paul II, élu en 1978, et les membres de la Curie romaine qu'il a maintenus en place ou nommés lui-même, ont choisi de remplacer l'esprit de la collégialité par un centralisme et un autoritarisme de plus en plus évidents. Plusieurs observateurs des affaires ecclésiastiques ont noté que les réunions qui devaient être des synodes d'évêques sont devenues des «synodes pour les évêques». Peter Hebblethwaite a aussi consacré un livre au synode de 1985. Il y démontre de façon très convaincante l'absence de collégialité[31]. Il cite notamment le plaidoyer très courageux d'un évêque du Québec, Mgr Bernard Hubert. À l'époque, celui-ci était président de la Conférence des évêques catholiques du Canada. Son discours au synode avait porté sur la nécessité de revenir à la collégialité décidée par le concile. Il poussa même l'audace un peu plus loin en demandant que l'Église applique, dans ses habitudes de gestion, le principe de la subsidiarité. Cela signifie que l'on aurait tenté de toujours laisser l'initiative au palier de l'administration ecclésiastique le plus rapproché possible des communautés de base. Hebblethwaite montre bien qu'une telle démarche allait complètement à contre-courant du style de Jean-Paul II. Il indique que l'évêque de Saint-Jean-Longueuil ne tarda pas à se faire rappeler à l'ordre par les plus hautes autorités romaines. Comme bien d'autres, Bernard Hubert dut rentrer dans le rang. On sentait pourtant qu'il souffrait profondément d'être partagé entre l'obéissance à Rome et la loyauté envers ses ouailles, dont il connaissait parfaitement les besoins. Dans les dernières années de sa vie, les circonstances ont voulu que je le rencontre à plusieurs reprises. Au début, dans une atmosphère tendue, qui devait pourtant évoluer vers une véritable complicité. Quelques semaines avant sa mort, nous avions, ma femme et moi, partagé un repas avec lui et longuement échangé sur la situation de l'Église. Nous avons été renversés et émus de le sentir très ouvert à nos craintes pour l'avenir de l'Église. Le 2 janvier 1996, il nous adressait des souhaits pour la nouvelle année et écrivait, notamment: «Je partage une part importante de vos préoccupations et de votre vision de la mission ecclésiale. Amitié, solidarité.» Bernard Hubert.

Il est mort le 2 février. Je crois que l'Église a perdu, en 1996, un grand évêque, qui s'était incliné devant l'intransigeance de Rome, mais qui aurait, s'il avait vécu quelques années de plus, recouvré sa liberté de parole.

Un journaliste italien, représentant auprès du Vatican le magazine français *Actualités religieuses*, a publié récemment un livre remarquable, intitulé: *Le successeur*.

Giancarlo Zizola nous offre une véritable fresque du pontificat de Jean-Paul II et des luttes de pouvoir entre les diverses tendances que l'on retrouve au sein de la Curie et, plus particulièrement, des 31 cardinaux qui y travaillent. L'auteur nous livre aussi certains témoignages inédits sur les lacunes de ce corps de fonctionnaires ecclésiastiques. Celui de Mgr Pietro Rossano, qu'il a interrogé sur son lit de mort, revêt la franchise d'un testament:

> L'Église doit être d'autant plus aimée aujourd'hui qu'elle est en état de péché grave. L'Église est en état de péché grave parce qu'elle s'occupe du pouvoir, et parce qu'elle est occupée par le pouvoir, à savoir par Satan. Cette occupation a lieu à cause, tout spécialement, de l'Opus Dei. J'estime

que c'est un devoir pour chaque chrétien, devoir que je conseille, de lutter pour chasser de l'Église un tel péché.

Poursuivant la narration de cette dernière entrevue, Zizalo écrit: «Le meilleur théologien des religions que le Vatican ait connu, et ce dès l'époque du Secrétariat pour les non-chrétiens, en 1965, ajouta:

> Actuellement, les dirigeants de la Curie, qui ont le vertige du succès, de la séduction médiatique et du bavardage mondain, préfèrent s'occuper de l'immédiat. Ils ne paraissent pas nourrir assez d'intérêt pour les problèmes culturels et ne sont pas disposés à s'intéresser à cette perspective. Il leur est donc difficile de comprendre que l'Église ne pourra surmonter la crise actuelle si elle ne sait pas accepter le défi des cultures plurielles et des différences, y compris l'idée de la pluralité des voies de salut; si elle ne sait pas abandonner, par conséquent, l'idéologie de la «société parfaite» et le principe séculaire «Hors de l'Église, point de salut», matériellement interprété. (p. 134)

Zizola manifeste un très grand respect pour la papauté et pour la personne du pape actuel mais le bilan qu'il dresse de son pontificat a de quoi inquiéter les baptisés. Au fil du récit, on apprend que telle encyclique ou telle exhortation a connu des rédacteurs successifs et, parfois, un changement de cap radical. Il nous dit beaucoup de bien des interventions de Jean-Paul II lors de l'importante Journée interreligieuse d'Assise, en 1986. L'auteur de ces textes n'était nul autre que Mgr Pietro Rossano, qui fut pendant longtemps évêque auxiliaire de Rome mais fut mis de côté par les grands patrons de la Curie. Zizola ne nous cache pas l'atmosphère de fin de règne perceptible chez les fonctionnaires du Vatican et chez un certain nombre d'évêques et de cardinaux plus courageux que la moyenne. Je rappellerai, à titre d'exemple, la fine remarque de Mgr Karl Lehmann, président de la Conférence épiscopale d'Allemagne à propos de la lettre du pape sur la question de l'ordination des femmes. L'Évêque a déclaré:

> Quand ceux qui reçoivent la confirmation me posent des questions sur le sacerdoce des femmes, je réponds toujours que je ne sais pas si l'Église peut changer dans ce domaine, si elle a l'autorité pour le faire; mais, de même, je ne sais ce que l'Esprit de Dieu fera avec l'Église du troisième millénaire, et cela, même le pape ne le sait pas. (p. 174)

Dans un chapitre consacré au malaise dans les Églises d'Europe, Zizola écrit:

> Malgré tous les efforts, parfois non déraisonnables, faits par le Vatican pour calmer les tensions, le *Corriere della Sera* n'était pas loin de la réalité, au début de 1995, quand il affirmait, dans une correspondance de la Cité du Vatican, que «le vent de la révolte souffle fort dans de nombreux pays européens». On entendait alors parler, en Belgique, aux

Pays-Bas et en Espagne, de cas d'impatience gran-
dissante envers l'autorité papale. La mesure prise
par le Vatican contre le sacerdoce féminin avait
provoqué la révolte d'un homme pourtant aussi
tranquille que Jan Grootaers, l'historien belge du
Concile Vatican II, proche de l'ancien primat, le
cardinal Suenens. Grootaers n'hésita pas à écrire
dans un journal flamand: «Nous avons honte du
fondamentalisme théologique de cette déclaration
et nous rougissons devant l'obsession sexuelle de
certains porte-parole ecclésiastiques. Combien de
temps encore pourrons-nous nous sentir chez nous
dans une Église où nous éprouvons sans cesse tant
de honte?» (p. 165)

Le livre de Zizola contient une mine d'informations. Ce que j'en retiens, c'est la dimension plané-
taire du défi que devra affronter le prochain pape.
Depuis le dernier concile, il y a maintenant plus de
trente ans, l'Église et le monde ont tellement changé
que la tâche de l'évêque de Rome deviendra sur-
humaine. Sera-ce une occasion de partager les
tâches, d'établir une véritable collégialité, de décen-
traliser les prises de décisions? Zizola semble
l'espérer. Il nous rappelle que si l'Église n'est pas
une démocratie, elle est plus qu'une démocratie, elle
est une «communion».

En un sens, l'immensité des problèmes forcera
peut-être les cardinaux réunis en conclave à rechercher un nouveau Jean XXIII, c'est-à-dire un pape qui
cherche moins à résoudre lui-même les problèmes de

l'Église qu'à les remettre entre les mains de la grande communauté des fidèles et, plus particulièrement, des nombreux successeurs des apôtres, les quelque 4 000 évêques répartis autour d'une planète dont les configurations humaine, culturelle et religieuse dépassent la capacité d'interprétation d'un seul homme, si génial soit-il.

Après Wojtyla «curé de la planète», comme l'a baptisé son interviewer-adorateur Vittorio Messori (dans le livre *Entrez dans l'espérance*), l'Église aura besoin d'un leader qui soit l'inspirateur et le soutien de tous les curés de la planète et autres messagers de la Bonne Nouvelle et non leur substitut.

Les problèmes soulevés dans cette chronique, qui me semblent cruciaux pour un heureux arrimage de l'Église avec les générations nouvelles du monde occidental, ne se régleront pas isolément. Ils feront partie du prochain *aggiornamento* de l'Église, qui devra prendre en compte:

— le fait que l'hégémonie de notre planète appartiendra bientôt au continent asiatique, où l'Église catholique ne compte que 2,7 % de fidèles parmi une population qui compte pour 60 % de l'humanité.

— le fait que 43 % des catholiques résident maintenant en Amérique latine, mais que l'Église y perd chaque jour du terrain au bénéfice des groupes évangéliques. Au moment où la dictature soviétique tombait en lambeaux, Rome a choisi de combattre par tous les moyens possibles un courant théologique, celui de la théologie de la libération, qui avait pourtant payé sa sincérité et sa solidarité avec les pauvres, du sang de nombreux martyrs. La politique vaticane a préféré revenir à la séculaire alliance du trône et de l'autel en remplaçant les évêques sympathiques aux communautés de base par des conservateurs bon teint, souvent membres de l'Opus Dei. La gestion à distance et par les voies diplomatiques plutôt que par les Églises locales aura multiplié les problèmes pour le prochain évêque de Rome

— En Europe, en Amérique du Nord et un peu partout dans le monde, les sociétés monolithiques ont fait place aux communautés multiethniques, multireligieuses, multiculturelles. Le rêve de la restauration de la chrétienté, que plusieurs ont prêté à Jean-Paul II et à son équipe, devient chaque jour un peu plus utopique. L'âge de la théocratie semble bien révolu. L'Église du prochain millénaire est appelée à travailler dans un monde généralement séculier, au coude à coude avec les autres religions, dans l'esprit que le pape prophète Jean XXIII exprimait à la toute veille de sa mort:

> Maintenant, plus que jamais, et certainement plus
> que par les siècles passés, nous sommes décidés à
> servir l'humanité en tant que telle et pas seulement
> les catholiques, à servir seulement et partout les
> intérêts de la personne humaine et pas seulement
> les droits de l'Église catholique. Ce n'est pas
> l'Évangile qui change. C'est nous qui commençons
> à mieux le comprendre. Ceux qui ont vécu long-
> temps, comme moi, ont eu l'occasion de comparer
> différentes cultures et traditions et maintenant, le
> moment est venu de discerner les signes des temps
> et de nous tourner vers l'avenir.

L'invitation qui est faite à tous les baptisés de la Terre, c'est de viser d'abord à faire l'unité de tous les chrétiens et, dans bien des cas, l'union de tous les croyants, dans le respect de la sécularité du monde et de la liberté religieuse, pour contribuer à établir sur la Terre la paix et la fraternité. L'arrimage de la culture et de la foi est dorénavant pluriel des deux côtés.

Dans un tel contexte, les laïcs ont une mission toute spéciale à remplir, particulièrement dans notre confession chrétienne. Il faut libérer notre Église du poids de la culture cléricale et de la chape de plomb de la bureaucratie vaticane. En longue période, la masse énorme des catholiques occidentaux qui ont quitté l'Église parce qu'ils se sont senti abandonnés par elle pèsera de tout son poids. Le comportement de tous ces baptisés fait aussi partie de la tradition de l'Église. L'enjeu, c'est de sonner le réveil des baptisés avant que l'Église institution soit effacée de la carte dans notre partie du monde.

Cet engagement devra prendre cent formes différentes. Ce n'est pas le lieu de les décrire ici. Comme mot de la fin, je citerai plutôt un exemple. À l'été 1995, un petit groupe de catholiques autrichiens a préparé une déclaration portant sur un certain nombre de réformes qu'ils souhaitent voir se réaliser au sein de leur Église. Ce texte a circulé en Autriche, mais aussi, en Allemagne, en France, en Suisse, aux États-Unis, au Canada, etc. Déjà, plus de trois millions de chrétiens ont signé cette déclaration réclamant:

— l'élimination du fossé qui sépare les laïcs et le clergé;

— l'égalité des droits pour les femmes au sein de l'Église;

— le libre choix du célibat ou du mariage pour les prêtres;

— le droit des chrétiens à juger selon leur conscience des questions de morale sexuelle, telle que le contrôle des naissances;

— l'annonce de la Bonne Nouvelle, une invitation à la joie plutôt que des condamnations continues et sévères.

Je souhaiterais que les laïcs, dans mon pays et dans tous les pays du monde, conviennent de proclamer l'actualité du message évangélique, en dépit des faiblesses et des misères du messager qu'est l'Église catholique dans son orientation actuelle. Nous devons affirmer notre droit à la dissidence. D'autant plus que les dissidents sont majoritaires dans la plupart des pays d'Occident! À ceux et celles qui ne se sentent pas le courage ou la mission d'exercer ce droit à la dissidence à l'intérieur de leur Église, je répéterais l'invitation déjà formulée à se joindre à une autre confession chrétienne pour prier le Dieu de tous les chrétiens et vivre en communion avec d'autres croyants. Nul ne devrait se punir en se privant de penser à Dieu parce qu'il ou elle n'aime pas penser au pape actuel ou au cardinal-célibataire-président de la Commission pontificale sur la famille! Ces catholiques ne feraient ainsi que devancer le jour, qu'il faut appeler de tous nos vœux, où tous ceux et celles qui veulent s'inspirer de l'Évangile seront réunis, réalisant ainsi la véritable catholicité. Pour ma part, je choisis de participer au débat dans l'Église qui m'a accueilli lors de mon baptême.

Le développement d'une opinion publique à l'intérieur de l'Église est un phénomène nouveau. Il devra se poursuivre et s'amplifier. Les prises de positions devront se faire plus précises. Dans le domaine de la morale sexuelle, qui est le lieu et la cause principale du schisme objectif que vit présentement notre Église, les laïcs doivent faire mieux que de quitter l'Église. Le catéchisme tout neuf que vient de leur offrir le Vatican n'est tout simplement pas «reçu» par l'ensemble des baptisés comme exprimant une façon acceptable de vivre les amours humaines à la lumière de l'Évangile. Dans les chapitres de ce livre, j'ai cité de nombreux exemples de positions pastorales qui peuvent et doivent être remises en question. Pourquoi attendre l'élection du prochain pape ou la convocation d'un nouveau concile? S'appuyant sur leur expérience de la vie et sur les lumières de l'Esprit, pourquoi des équipes de laïcs, parmi lesquels on compte plusieurs théologiens et théologiennes, ne se mettraient-elles pas à l'œuvre pour préparer la prochaine version du catéchisme catholique en matière d'amours humaines et de sexualité? J'ai eu l'occasion de constater, auprès de quelques groupes de catholiques engagés, qu'un tel projet suscite un grand intérêt. Sa mise en branle pourra sans doute provoquer quelques sursauts d'autoritarisme ici ou là. Mais l'Église a tout à gagner et rien à perdre. Son catéchisme actuel, en ces matières, ne sera jamais accepté par les jeunes générations. Et, faut-il rappeler encore une fois l'évidence: le catholicisme n'a pas d'avenir dans les pays où il est déjà clairement identifié comme «l'Église de l'âge d'or». À moins que les baptisés ne se réveillent!

Le témoignage d'un grand évêque

Jacques Gaillot, évêque de Partenia

Une Église rivée à son passé n'a pas d'avenir. C'est une Église qui se maintient sans se préoccuper de l'avenir de l'humanité. Ils sont attachés à une tradition, la leur, qui n'est d'ailleurs pas «la tradition». Ils s'excluent de la modernité. Ils se resserrent autour de leurs chapelles, refusent les acquis du concile, se figent sur une liturgie qui remonte au Concile de Trente et se cramponnent à leur refus du monde moderne. Ils vivent avec l'idée qu'ils sont le dernier rempart d'une Église qui s'est laissée «pervertir par les sirènes décadentes de la modernité». [...]

Les laïcs ne sont pas seulement responsables *dans* l'Église, ils sont responsables *de* l'Église. Le baptême donne accès à l'essentiel, par la foi au Christ et la charité qui est répandue dans nos cœurs. Toute une vie n'est pas de trop pour comprendre ce que nous avons reçu. Tout baptisé porte la responsabilité d'annoncer l'Évangile et d'être le levain dans la pâte, au cœur du monde. Les prêtres sont au service de la réussite du baptême des chrétiens. [...]

Les responsables de l'Église ont tort de se sentir menacés. L'Église, disent-ils, n'est ni un club, ni une association, ni une démocratie. Ils ont raison. L'Église est une communion fondée par le Christ. C'est autrement plus exigeant. Mais pour être en harmonie avec la société moderne, elle doit se donner des structures de dialogue et de débat où la liberté d'expression soit respectée — pour qu'aucune richesse ne soit perdue. Il existe désormais une opinion publique dans l'Église. Elle se manifeste par les synodes, par des sondages, par un courrier abondant.[32]

Épilogue
L'expérience des autres grandes religions monothéistes

Les juifs et la sexualité

Dans un autre ouvrage, où les positions de l'Église catholique en matière de sexualité étaient traitées mais de façon moins détaillée que dans les chapitres qui précèdent, j'avais fait enquête auprès de représentants autorisés de trois autres confessions chrétiennes: l'Église anglicane, l'Église Unie du Canada et l'Orthodoxie sur les façons d'envisager: le mariage, la contraception, l'avortement, etc. Il serait inutile de dupliquer ici ce que le lecteur intéressé pourra facilement retrouver dans: *En quoi l'Église doit-elle changer?*, publié aux Éditions Fides en 1994.

J'ai pensé, cette fois-ci, que mes lectrices et lecteurs seraient aussi curieux que moi d'apprendre comment les juifs et les musulmans vivent leur sexualité ou, plus précisément, quels préceptes, quelles règles leur religion respective leur enseigne en ces matières? Mon premier interlocuteur a été le rabbin Moïse O'Hanna. Il est le titulaire d'une communauté juive orthodoxe, à Montréal.

Quelle est la position de la religion juive face au mariage?

Dans le judaïsme, le mariage est le premier commandement. Le célibat n'est pas accepté. Il n'est surtout pas un idéal, même pour les personnes les plus pieuses. Si l'on n'est pas marié, on est considéré comme en état de péché. La sainteté se vit dans le mariage. C'est le premier commandement qui apparaît dans la *Thora*. Pas seulement en vue de la procréation mais pour la plénitude de l'être humain. La sexualité est importante. C'est si vrai que le *Talmud* note qu'au moment du mariage on prononce un certain nombre de bénédictions, on glorifie l'Éternel pour différentes choses. L'une de ces bénédictions porte sur la création de l'être humain. Certains se demandent: «Pourquoi cette bénédiction à l'occasion du mariage? Pourquoi pas à la naissance?» Le judaïsme considère que l'on accède vraiment à l'humain qu'en situation de couple. Pas dans une union libre ou une sexualité débridée mais un véritable mariage. Il faut avoir de bonnes raisons pour retarder son engagement dans le mariage. Pour faire des études, par exemple, on pourra retarder le mariage de quelques années pourvu que l'on soit certain de n'être pas débordé par sa sexualité.

Nous considérons la sexualité comme un élément tellement positif que si, par exemple, vous ne pouvez avoir de relations sexuelles avec votre épouse qu'une fois dans la semaine, et bien il vous est conseillé que ce soit le jour le plus sacré de la semaine, qui est le sabbat.

Alors, comment expliquez-vous l'obligation pour les femmes d'accomplir un rite de purification après chaque période de menstruations?
Le rite de purification a pour effet de permettre de renouveler l'attachement des époux l'un à l'autre. Il a aussi pour objectif de vous contraindre un peu à vous séparer pour pouvoir mieux vous retrouver par la suite. Il y a donc un moment dans le cycle de la femme où, pendant une semaine, dix jours, ou deux semaines selon les cas, l'on doive s'abstenir de relations. Il n'y a dans ce rite aucune notion de souillure ou de propreté physique. C'est une purification de nature spirituelle. Il s'agit d'un moment de séparation à l'intérieur du couple en vue de renouveler l'amour. Les femmes vont donc, pour accomplir ce rite dans un lieu commun, au bain rituel, appelé *Mikva*.

Ce rituel est-il bien observé?
Ça, c'est une autre question. Je dirais que non. Car cela exige des gens qui sont religieux, convaincus, qui ont pénétré les textes et se sont imprégnés de leur enseignement. Je vous avouerai que la proportion des croyantes qui maintiennent cette coutume n'est pas très élevée.
En même temps qu'il vous autorise de vivre pleinement votre sexualité, le judaïsme vous enjoint de

ne pas vous mettre dans des situations de tentation. Vous avez votre pain, vous avez ce qu'il faut, contentez-vous de cela. Un des dix commandements est celui de ne pas convoiter. Et, en premier lieu: «Ne convoite pas la femme de ton prochain.» Autrement, il n'y a pas de limite à ce que l'on peut convoiter. On n'en sera que plus malheureux. Jamais on ne se réalisera. On comprend que l'être humain n'est pas fait de fer. Il ne faut pas qu'il se place dans des situations de tentations auxquelles il ne peut pas résister. Par conséquent, le judaïsme met des barrières. À savoir que, par exemple, un homme et une femme ne peuvent pas s'enfermer seuls. S'ils le font, ils sont en état de péché. Puisque, d'une certaine façon, ils sont en train de tenter le diable. Autre exemple: dans les synagogues comme la nôtre, les femmes sont au balcon pour prier et les hommes en bas. Car la prière n'est pas un moment de socialisation. Dès qu'il y a des hommes et des femmes ensemble, le social va primer plus que la réflexion et la méditation.

Est-ce que les femmes juives acceptent facilement cette forme de ségrégation?
Les femmes qui sont religieuses sont là-haut. Elles font partie de la congrégation. Elles participent à tout. Elles sont entre elles. Les hommes sont entre eux. C'est généralement bien accepté. Chez les juifs des mouvements réformiste et conservateur, les croyants des deux sexes prient ensemble. Le

judaïsme orthodoxe ne permet pas ce genre de situations qui n'ont rien à voir avec la prière.

Vous n'avez pas de femme rabbin, cela va de soi.
Non. Les libéraux en ont. Les conservateurs aussi. La raison étant, encore une fois que, dans la division des rôles comme on l'a dit précédemment, il n'est pas exigé de la femme de se plonger corps et âme dans l'étude de la *Thora*. C'est ce qu'il faut pour être rabbin. Il faut y passer ses jours et ses nuits. On considère que le rôle de la femme est beaucoup plus important auprès des enfants. On ne peut pas faire les choses à moitié. Par ailleurs, dans l'interprétation des textes bibliques, les rabbins montrent que les femmes sont beaucoup plus capables de fidélité, d'idéal et de maturité. Ce sont des hommes qui ont écrit cela. Ce sont les femmes qu'ils ont vues autour d'eux qui les ont inspirés.

Quelle est votre position en regard du divorce?
Nous considérons le mariage, idéalement, comme un engagement permanent. Mais, si ça ne va pas, nous acceptons le divorce. Si une union ne marche pas, qu'y peut-on faire? Il suffit que les deux s'entendent pour divorcer.

Et sur l'homosexualité?
Dans le judaïsme orthodoxe, l'homosexualité est complètement bannie. Certes, l'homosexualité existe

chez les juifs comme partout ailleurs, mais notre religion la considère comme un péché. Dans le judaïsme réformé, non seulement on tolère l'homosexualité, mais on considère même la possibilité de célébrer des mariages entre homosexuels!

En ces temps de mutation culturelle et d'évolution des rôles, sentez-vous, à l'intérieur du judaïsme orthodoxe, une certaine pression, de la part des femmes par exemple?

Dans le judaïsme, il n'y rien qui contraigne la femme au point qu'elle ne puisse pas se réaliser dans tous les domaines. Mais ce que nous recommandons, c'est que ce ne soit pas aux dépens du foyer, des enfants. Elle a un certain rôle à jouer, un rôle primordial que le mari ne peut pas jouer. Il manquerait quelque chose aux enfants si la femme décidait, par exemple, de passer les trois quarts de son temps à faire carrière... Mais qu'elle fasse son travail professionnel sans porter préjudice à ses enfants, c'est très bien. Le judaïsme libère la femme de certaines obligations religieuses ponctuelles pour lui donner plus de liberté dans le soin à donner à ses enfants. Certains commandements doivent être exécutés à des moments précis. Le judaïsme en a libéré la femme. Le judaïsme a toujours valorisé la femme. On ne l'a jamais considérée comme un élément négatif ou tentateur. C'est très remarquable pour une société qui a toujours été patriarcale.

Quelle est votre position sur la planification familiale?

La contraception est permise. Mais, il faut d'abord «bâtir famille», c'est-à-dire avoir un garçon et une fille. Une fois cet objectif atteint, si la santé de la femme ou d'autres raisons contraignantes le justifient, on peut recourir à la planification des naissances. Autrement, c'est un commandement et un devoir pour le mari de donner à sa femme ce qui lui revient au point de vue des relations conjugales. À défaut de quoi, elle peut le traduire devant un tribunal rabbinique. Le même devoir est imparti à l'épouse. Les relations hors-mariage sont totalement interdites. Autre chose: lorsque la femme est stérile pendant dix ans et que le mari tient à avoir des enfants, la femme doit donner son consentement au divorce. Si c'est le mari qui est stérile, la femme peut demander le divorce. Mais si les deux acceptent la situation, le mariage peut se poursuivre.

Qu'enseignez-vous à vos fidèles en regard de l'avortement?

L'avortement n'est pas permis, sauf s'il y a danger pour la vie de la femme. Nous accordons priorité à la vie de la femme. Il peut aussi y avoir avortement dans certains cas d'inceste ou de viol. Chaque cas doit être jugé à son mérite, selon les circonstances.

Vous avez, à plusieurs reprises, fait allusion aux divers courants qui coexistent au sein du judaïsme. Pourriez-vous tracer pour moi les lignes de démarcation entre ces façons de vivre votre religion?

Le judaïsme traditionnel a sa source dans la Révélation. La croyance fondamentale du judaïsme, c'est que Dieu s'est révélé à l'humanité et il a donné la *Thora* au peuple juif qu'il a libéré et dont il a fait le porteur de son drapeau et de son message. L'enseignement traditionnel du judaïsme, c'est que cette Révélation est écrite, dans le *Pentateuque* en particulier, mais que ce n'est pas le texte qui fait autorité, mais bien le texte tel qu'il a été enseigné. Ces enseignements ont été transmis oralement. Pendant longtemps, il y avait interdiction de les mettre par écrit. On faisait confiance à la dynamique maître et disciple, puisque les autorités auxquelles cet enseignement a été confié sont remplies, non seulement de savoir, mais aussi de crainte de Dieu.

Au deuxième siècle de l'ère chrétienne, la dispersion, les difficultés de toutes sortes ont fait que l'on a commencé à craindre pour la préservation de cet ensemble. On a donc commencé à écrire. Vers l'an cinq cents, on est arrivé à la rédaction finale du *Talmud*, quoique ce ne soit jamais tout à fait final. Depuis, c'est ce texte qui fait autorité, et il y a toute une littérature qui a fondé le judaïsme, et c'est le seul que l'on a connu jusqu'au milieu du dix-neuvième siècle.

Puis, la réforme balaie tout cela. Cela veut dire que la notion de Révélation devient tout à fait relative. Le moment précis du commencement disparaît, les commandements disparaissent et finalement, chacun peut arranger les choses comme il l'entend. On considère que les écrits transmis à travers les générations sont dûs à la créativité du peuple juif. C'est la négation de tout ce que le judaïsme a enseigné.

Le judaïsme tel qu'on l'a connu pendant deux mille ans ne se définissait pas comme «orthodoxe». C'est à partir de la fin du dix-neuvième siècle que d'autres courants sont apparus. Cela a commencé avec la réforme. La réforme prend sa source dans le fait que les juifs avaient cessé d'être des communautés isolées, ils se retrouvaient dans le grand univers et leur judaïsme leur posait des problèmes. On a cherché à estomper, à réduire les contraintes imposées aux croyants et à rendre le judaïsme un peu plus au goût du jour. Ce qui fait que l'on s'écarte de façon osée et révolutionnaire du judaïsme traditionnel.

Puis, aux États-Unis, au début du siècle présent, on a trouvé que la réforme était allée trop loin. On a donc voulu replacer un peu le pendule. C'est de là qu'est né le mouvement conservateur. Ce mouvement tente de rester le plus fidèle possible au judaïsme traditionnel mais en s'accommodant de quelques libertés là où l'enseignement est difficile à porter, ne cadre pas très bien avec les perceptions de l'heure. On essaie toujours quand même de se référer aux sources. C'est de là qu'est venue l'appellation du judaïsme «orthodoxe». Par opposition aux tendances conservatrice ou réformée, que l'on nomme aussi libérale.

L'orthodoxie est minoritaire. Le mouvement de réforme aux États-Unis est très fort et le mouvement conservateur vient immédiatement après le mouvement de réforme.

À Montréal, l'orthodoxie est plus forte, la réforme est minime et les conservateurs peu nombreux. C'est l'inverse à Toronto où le mouvement conservateur est beaucoup plus fort que l'orthodoxie. En Israël, c'est une situation différente puisque ce sont les rabbins orthodoxes qui ont autorité en matière de mariage et de divorce en vertu de la loi. La réforme et le mouvement conservateur n'ont pas pénétré en Israël de façon significative. Cela ne veut pas dire que la population elle-même soit orthodoxe. Une minorité du peuple seulement est orthodoxe. La synagogue n'est pas essentielle en Israël comme elle l'est à travers le monde comme lieu de rassemblement de la communauté.

Il n'y a pas de mariage civil en Israël. Les gens se marient à la synagogue; ou à la mosquée pour les musulmans. Mais, le rabbin O'Hanna prévoit que la situation évoluera vers une séparation des pouvoirs civils et religieux. C'est aussi ce que prévoient plusieurs observateurs du Moyen-Orient. Et l'on craint que cette transition ne se fasse pas sans violence. Mais, cela est une autre histoire.

* * *

Mon second interlocuteur fut l'essayiste et romancier Naïm Kattan, professeur au département d'Études littéraires de l'UQAM. Homme d'une grande culture en études bibliques et en histoire, il connaît aussi fort bien les communautés juives à travers le monde.

Pourriez-vous dresser un tableau des pratiques juives entourant le mariage et la vie sexuelle?

La survie de la communauté juive est menacée par les mariages mixtes, entre juifs et chrétiens par exemple. Aux États-Unis, cela représente près de cinquante pour cent des mariages. Au Canada, ce serait environ trente pour cent. En France, entre trente et quarante pour cent. Même lorsqu'il y a conversion de l'un des conjoints à la religion de l'autre, il n'y a que dix pour cent qui aboutissent à la fidélité à une religion. C'est un problème très sérieux.

Le cœur du judaïsme se trouve en Israël, où il y a maintenant quatre millions et demi de juifs. Là, il n'y a que des rabbins orthodoxes qui règnent sur la communauté. Les seuls mariages reconnus, par la communauté et par le gouvernement, sont les mariages orthodoxes. Le mariage civil n'existe pas. Les rabbins orthodoxes se mêlent de politique. En pratique, c'est pratiquement une religion d'État, mais des gens peuvent y échapper en allant se marier à Chypre... et il y a beaucoup d'unions libres, comme partout.

Dans les pays occidentaux, comme le Canada, les États-Unis..., il y a deux catégories de synagogues: les orthodoxes et les libérales. Les synagogues libérales acceptent de marier des gens de religions différentes à condition que les enfants issus de ces mariages soient éduqués dans la religion juive. Mais les orthodoxes ne reconnaissent pas ces mariages.

Le mariage juif est une sanctification de l'union conjugale de deux juifs. Le rabbin n'a pas la même fonction que le prêtre. Il est un enseignant, un juge, un guide mais il n'est pas lui-même représentant de Dieu.

La Bible contient des règles très précises sur le mariage et sur la sexualité en général. Le principal interdit touche les relations illicites, c'est-à-dire incestueuses. Quant aux obligations des époux: l'homme est tenu de faire l'amour à sa femme, de la vêtir et de la nourrir. La femme a l'obligation de tenir la maison de son mari et de faire l'amour avec lui. Il s'agit là d'une obligation religieuse. Cette obligation est soumise à des normes. D'abord, il faut être pur pour faire l'amour. Dans le cas de la femme, cela implique que les relations amoureuses n'ont pas lieu pendant ses règles. Après ses règles, la juive orthodoxe doit se rendre à un endroit désigné où elle trouvera un bassin où elle pourra se purifier. Dans l'ancienne tradition, un homme avait le droit d'épouser une nouvelle femme si sa première ne lui donnait pas d'enfant. Mais cette tradition est maintenant désuète.

L'homosexualité est rejetée par la religion juive. Pourtant, certains disent que le rapport entre le roi David et Jonathan était un rapport homosexuel, même si David a eu beaucoup de femmes. Dans le texte biblique, David dit à Jonathan: «Aucune femme ne m'a donné autant de plaisir que toi.» Moi j'explique cela par une amitié très profonde, que l'on connaît beaucoup en Orient, et qui n'est pas forcément homosexuelle. D'autres disent qu'il s'agit bien d'homosexualité. Il n'y a, pour en juger, que l'interprétation que l'on donne à cette petite phrase.

Le divorce est accepté. On tentera d'abord un effort pour réconcilier les conjoints mais, en cas d'échec, le rabbin peut déclarer le divorce. La religion juive interdit l'avortement. Certains rabbins disent pourtant que, si la vie de la mère est en danger, on doit protéger la vie de la mère.

La religion juive prescrit la fidélité dans le mariage.

Certains commentateurs talmudiques ont écrit que le grand travail de Dieu, c'est d'organiser les mariages. Si ceux qu'il avait destinés l'un à l'autre sont empêchés de se rencontrer, ils seront malheureux toute leur vie. Celles et ceux qui trouvent le bonheur sont les conjoints qui ont réalisé le plan de Dieu. On donne comme exemple la cas du grand roi Salomon, deuxième fils de David et de Bethsabée. Bethsabée était la troisième femme de David.

Comment se vit le rapport homme-femme dans le judaïsme que vous pratiquez?

La femme doit connaître la religion mais elle n'a pas de fonction religieuse tandis que l'homme doit aller à la synagogue le samedi. On sort alors le rouleau de la *Thora* et sept hommes sont invités à monter sur la tribune pour participer à la lecture. Les femmes ne sont pas conviées à cela. Mais beaucoup d'entre elles protestent maintenant et réclament les mêmes droits d'honorer Dieu et de lire la *Thora* que les hommes.

Chaque juif, à treize ans, doit faire son entrée dans le communauté par ce qu'on appelle la *Bar-mitsva*. Cela signifie qu'il devient le fils d'élection. Il devient adulte. Pour manifester sa maturité, il faut qu'il sache lire. C'est pourquoi il monte à la *Teba* (tribune) et lit un chapitre de la *Thora*. Depuis trente ou quarante ans, on a trouvé un moyen de faire monter aussi les filles. Mais elles ne lisent pas la *Thora*. On leur donne à lire certaines prières. Dans leur cas, on parle de la *Bat-mitsva*. Il y a maintenant beaucoup de femmes juives qui veulent que les femmes aient les mêmes droits que les hommes. Or, la femme d'un rabbin, celui de la synagogue que je fréquente, et son mari ont découvert qu'à l'intérieur des règles et des traditions antiques de notre religion, il était prévu que le premier du mois, ce soient les femmes qui célèbrent la sortie de la *Thora* de l'arche et en fassent la lecture à l'assemblée. J'ai assisté une fois à cette cérémonie du premier du mois où tout est fait par les femmes. Et, dans ce cas, ce sont les femmes qui occupent le centre de la synagogue et les hommes s'assoient en marge. Nous avons maintenant des femmes rabbins. Cela commence. Il y en a une ou deux aux États-Unis, quelques-unes en France. Au Canada, il n'y en a pas.

* * *

Lorsque j'ai traité des catholiques et de la sexualité, je me sentais autorisé et à l'aise d'exercer un jugement critique. Je suis membre de cette Église et participant à cette culture depuis ma naissance, déjà lointaine! Il en va autrement pour les témoignages que j'ai recueillis sur «les juifs et la sexualité» et sur «l'Islam et la sexualité». Dans ces cas, mon rôle est celui d'un informateur et non d'un critique. Je m'en voudrais cependant de ne pas rapprocher de la toute première phrase du rabbin Moïse O'Hanna (p. 142), sur la signification du couple, une citation de Teilhard de Chardin:

> ...Des religions aussi achevées que le christianisme ont jusqu'ici basé sur l'enfant le sens presque entier de leur moralité. Tout autres, du point de vue où nous a conduit l'analyse d'un Cosmos à structure convergente, se découvrent les

choses. Que la sexualité ait eu d'abord comme fonction dominante d'assurer la conservation de l'espèce, ceci n'est pas douteux — aussi longtemps que n'était pas arrivé à s'établir en l'Homme l'état de personnalité. Mais dès l'instant critique de l'Hominisation, un autre rôle plus essentiel s'est trouvé dévolu à l'amour — rôle dont il semble que nous commencions à peine à découvrir l'importance: je veux dire la synthèse nécessaire des deux principes masculin et féminin dans l'édification de la personnalité humaine.[33]

Les musulmans et la sexualité

Saviez-vous qu'il y a déjà vingt-cinq mosquées dans la région de Montréal et que plus de cinquante mille croyantes et croyants les fréquentent? Ce petit échantillon est représentatif de l'ensemble du monde islamique à plusieurs égards. Même après avoir immigré au Canada, les fidèles des différentes mosquées n'ont souvent de relations entre eux qu'en fonction de leur pays d'origine.

L'islam est en progression constante dans le monde. Mahomet, le prophète d'Allah (570-632), compte pas moins de 900 millions de fidèles sur notre planète. Contrairement à ce que beaucoup de gens croient, la majorité (80 %) des musulmans ne sont pas Arabes. La plupart d'entre eux, qui partagent avec les chrétiens la foi en un Dieu unique et l'héritage sémitique remontant à Abraham, Moïse et Jésus, vivent en Asie: Indonésie, Inde, Pakistan... L'islam

est divisée en une multitude de courants théolo-
giques, idéologiques, culturels et linguistiques. Aussi,
l'héritage spirituel du prophète est-il interprété et
vécu de façons fort différentes selon l'environne-
ment. Entre la théocratie qui règne en Iran, l'inquisition islamiste qui sévit en Algérie et la sécularité de
l'État acceptée par beaucoup de musulmans dans un
grand nombre de pays, il y a tout un monde.
Contrairement aux catholiques, les disciples de
Mahomet, s'ils sont tous conviés à faire le pèlerinage
à La Mecque, la patrie de Mahomet ou à Médine, lieu
de son tombeau, ne sont pas soumis à une autorité
centrale, du type de la papauté et de la Curie romaine.
On trouve cependant, dans chaque pays où l'islam est
implanté, un «grand mufti», un docteur de la loi qui
juge les questions de dogme ou de discipline.

Dans de telles circonstances, comment décrire en
quelques pages les préceptes et les pratiques musul-
manes en matière de sexualité? J'ai bien failli abandonner la partie. Puis, je me suis dit qu'à la condition
d'être modeste, je pourrais entraîner mes lecteurs à
m'accompagner sur un terrain tout aussi nouveau
pour moi que pour la plupart d'entre eux ou elles.
«Elle», voilà justement le bon mot. Si vous voulez
découvrir ce que pensent et vivent les adeptes d'une
religion en matière de sexualité, cherchez d'abord
quelle place ils font à la femme.

Par exemple, nous sommes habitués d'associer
l'islam à la polygamie. Mahomet a eu neuf femmes

et en a accordé quatre à ses disciples. Détail qui n'est pas sans intérêt: le Prophète n'a eu qu'une femme jusqu'à l'âge de cinquante ans. Nous y reviendrons. Chose certaine, les musulmans qui émigrent en Occident en 1996 doivent, forcément, renoncer à la polygamie, celle-ci étant illégale. Parce qu'elle est contraire à notre conception de l'égalité entre les personnes. L'imam Saïd Youssef Fawaz est le chef spirituel de la mosquée en voie de reconstruction sur la rue St-Dominique à Montréal, une communauté qui accueille des membres de plusieurs nationalités, même un certain nombre de convertis du christianisme. Il m'a répondu sans hésiter: «Dans notre religion, nous avons droit à la polygamie mais nous devons respecter les lois des pays où nous choisissons de vivre.»

> Quand le *Coran* est prêché aux Arabes d'Arabie au VIIᵉ siècle, il se heurte à des traditions si fortement établies depuis des siècles qu'il ne parviendra pas à les modifier sur trois points: le rôle de la femme, la structure de la parenté et le contrôle de la sexualité. Certes, on ne peut nier la révolution sociale accomplie par le Prophète de l'Islam. Il a fait honte à ceux qui se vantaient de n'avoir que des fils; il impose l'interdiction de tuer les filles à la naissance (*Coran*, sourate 16, verset 59), l'obligation d'accorder aux femmes une demi-part d'héritage (sourate 4, verset 19), de prendre en compte le témoignage des femmes, même si celui d'un homme vaut celui de deux femmes (sourate 2, verset 282), de donner aux

veuves la liberté de se remarier sans être soumises à l'institution du lévirat, commune à tout le monde sémitique[34].

Cette citation de l'islamologue Anne-Marie Delcambre nous rappelle que Mahomet n'a pas pu transformer complètement la culture de son temps, un peu comme les chrétiens des premiers siècles de l'Église catholique ont eu beaucoup de peine à se distancer de l'influence des stoïciens. On se rappelle l'histoire de saint Augustin.

Pour décrire vraiment la situation de la femme dans les multiples communautés islamiques, il faudrait faire le tour du monde. Ce que je ne peux me permettre en ce moment... Mais j'ai consulté plusieurs auteurs. Dans un livre publié à Lyon, en 1991, intitulé: «*La femme en Islam*», Hani Ramadan écrit:

> En Islam, la tendresse et la miséricorde sont les fondements de la vie conjugale. Dieu dit: «Parmi Ses signes (les signes de Dieu) est qu'Il a créé à partir de vous-mêmes, pour vous, des épouses, pour que vous trouviez auprès d'elles le calme et le gîte; et qu'Il a établi entre vous des liens de tendresse et de miséricorde. (*Coran*, 30; 21)
> Ce lien d'amour est réciproque, et l'homme et la femme sont absolument indispensables l'un à l'autre pour réaliser une union harmonieuse assurant l'épanouissement de chacun, la femme n'est donc pas un objet dont l'homme dispose sans égard. Elle est un être dont la sensibilité est reconnue; elle est un refuge pour l'homme. Et l'homme un refuge pour elle. Dieu dit: «Elles sont

un vêtement pour vous et vous êtes un vêtement pour elles. (Coran 2; 187)[35]

Le même auteur se met à mal pour défendre la polygamie. Dans quelle mesure cette tradition est-elle maintenue dans les pays où l'islam est dominant? Je ne saurais le dire. Mais, je dois admettre mon étonnement, et sans doute ma naïveté, de constater qu'un auteur publiant en français, à Lyon, sente le besoin de défendre la polygamie, en 1996. Bien sûr, nous savons tous qu'elle était pratique fréquente dans l'Ancien Testament. Mais, je ne puis résister à vous faire partager l'intérêt que j'ai eu à parcourir cette argumentation.

L'un des arguments employés par l'auteur en faveur de la polygamie est le fait qu'il y aurait aujourd'hui aux États-Unis, douze millions de «femmes surnuméraires»! Je ne suis pas certain qu'un candidat à la présidence qui proposerait la polygamie comme solution à ce déséquilibre démographique sortirait vivant de sa campagne électorale. L'auteur rappelle que Mahomet encourageait ses disciples à prendre en charge les orphelins:

> Et si vous craignez de n'être pas équitables envers les orphelins, prenez donc des épouses, par deux, par trois, par quatre, parmi les femmes qui vous plaisent. Mais si vous craignez de n'être pas justes, alors n'en prenez qu'une seule. (*Coran*, 4; 3)

Il affirme aussi que Luther et d'autres maîtres protestants ont déduit de l'Évangile de Matthieu

(XXV; 1 à 12) le caractère licite de la polygamie pour le christianisme. Citant l'épître de Paul à Timothée, Hani Ramadan rappelle qu'au premier siècle de l'Église, seuls les évêques et les diacres étaient tenus à la monogamie: «Il faut donc que l'évêque soit irréprochable, mari d'une seule femme.» (Timothée, 1; 3,2) «Les diacres doivent être maris d'une seule femme.» (1,3, 12) Enfin, l'auteur invoque le fait que la période de fertilité de la femme est relativement courte tandis que l'homme peut être père jusqu'à un âge avancé. Voilà, en bref, les raisons qui sont avancées en faveur de la polygamie.

L'imam Saïd Youssef Fawaz m'a dit que les disciples de Mahomet se soumettaient aux lois des pays où ils émigrent. Mais quelle est leur attitude sur la polygamie là où elle est autorisée? Selon son témoignage, la polygamie serait devenue une exception. «Et pas seulement pour une question d'argent. Un musulman se mariera avec plus d'une femme seule ment dans les cas de nécessité. Si sa première femme est malade ou infertile... Et encore là, seulement s'il se sent capable d'agir de façon équitable envers cette ou ces autres femmes. Il ne saurait être question de les traiter différemment.»

Qu'en est-il du mariage dans la tradition musulmane?

Le mariage est considéré comme la situation normale de l'homme et de la femme adultes. Une tradition remontant à Mohammad enseigne que «le mariage est la moitié de la religion». L'opinion générale est que l'homme et la femme n'atteignent la plénitude de leur personnalité que dans la paternité et la maternité. Cela est encore plus vrai de la mère que du père et il est dit spécialement dans un *hadîth* que le «paradis est aux pieds des mères». L'idée de rester volontairement célibataire est étrangère à la pensée musulmane…[36]

On aura noté la parenté entre cette perception du célibat et celle qui prévaut dans le judaïsme. Rien de surprenant, puisque les deux se rejoignent dans la tradition sémitique. Quant à la famille musulmane traditionnelle, elle nous est décrite comme étant de type nettement patriarcal. C'est-à-dire qu'elle englobe le clan, la tribu. Le chef de famille jouit d'un pouvoir quasi absolu sur sa femme et sur ses enfants. Mais, comme je l'ai déjà mentionné, ce modèle est confronté, aux quatre coins du globe, aux diverses cultures locales. Quelle est la philosophie musulmane par rapport à la vie intime des conjoints et en particulier au plaisir sexuel? Deux témoignages sur ce point. D'abord celui de l'une des épouses de Mahomet: Aïcha, selon qui le coït: «Repose l'âme, fortifie la volonté, éclaire l'esprit, améliore la vue, éloigne les maladies, prévient la folie et assouplit le corps[37]». C'est un bon début! Le même commentateur qui a retracé ce témoignage nous informe également que:

> Dans la foulée du Prophète, théologiens, exégètes,
> jurisconsultes et oulémas, toutes obédiences et
> écoles confondues, n'hésitent pas à glisser, même
> dans leurs traités les plus austères, quelques
> passages brûlants où ils décrivent avec lyrisme les
> plaisirs de la chair: «Louanges à Allah, s'exclame le
> vénérable théologien égyptien Al Sonuouti (XVe
> siècle), qui façonne les verges droites et dures
> comme les lances pour guerroyer dans les vagins, et
> nulle part ailleurs[38]!»

Est-ce à dire que dans la tradition musulmane, la
sexualité est exempte de tout sentiment d'indignité
ou de culpabilité? Non pas. S'il faut en croire
certains historiens des religions, on retrouve chez les
musulmans le même besoin de purification après les
menstruations que prescrit le judaïsme orthodoxe. Et
il ne s'agit pas uniquement d'hygiène.

Quelle est la position de l'islam sur le divorce?
L'imam Saïd Youssef Fawaz me dit:

> Presque chaque jour, je reçois plusieurs appels de
> musulmans qui veulent divorcer. Je fais d'abord ce
> que je peux pour les en dissuader. Si je n'y arrive
> pas, je les réfère d'abord au tribunal civil. Puis, une
> fois le divorce civil décidé, je procède au divorce
> religieux.

De ma conversation avec cet imam, j'ai tiré la
conclusion que les positions de l'Islam sur l'avortement et l'homosexualité étaient identiques à celles
du magistère de l'Église catholique. Du moins telles
qu'elles sont exprimées à Rome.

Nous avions laissé en suspens les huit dernières femmes du prophète Mahomet. Il est temps d'y revenir. Comme toujours, les femmes auront le dernier mot... et ce sera, à nouveau, sous la plume de Hani Ramadan:

> [...] Jusqu'à l'âge de cinquante ans, Muhammad n'a eu qu'une seule épouse: la digne et noble Khadïja, de quinze ans son aînée. Celle-ci fut pour lui un soutien considérable dans sa mission et jusqu'à sa mort, survenue trois années avant l'Hégire (en l'an 622, date à laquelle Mahomet s'enfuit à Médine), il n'y avait pas à la Mecque un couple plus uni. Jamais, pendant cette période, le prophète n'éprouva le besoin de prendre une seconde femme. Lorsque l'on connaît le tempérament ascétique du prophète, on est convaincu du fait que les mariages qu'il contracta au-delà de la cinquantaine avaient une signification plus essentielle que celle que supposent les malveillants. [...] Après l'expédition militaire contre la tribu polythéiste des Banu al-Mustaliq, remportée par les Croyants, le Prophète épousa et affranchit une captive: Juwayriya Bint al-Hârith. Cela eut des conséquences étonnantes, car la plus grande partie de la tribu défaite avait été réduite à la captivité. Les compagnons du Prophète eurent le sentiment qu'il ne convenait pas de garder en captivité des proches de la nouvelle épouse de Muhammad, devenue «mère des croyants». Une centaine de familles furent ainsi libérées. [...] En narrant cet événement, Aïcha a dit: «Je ne connais pas une femme qui ait été une plus grande bénédiction pour son peuple qu'elle.» Autre exemple: Zeinab Bint

Khuzeyma était l'épouse de Ubayda Ibn al-Hârtih, mort en martyr au début de la bataille de Badr. Devenue veuve à soixante ans, le Prophète l'épousa pour lui accorder sa protection et son aide.

L'auteur énumère les circonstances de plusieurs autres mariages contractés par le Prophète et rappelle que celui-ci s'imposait des jeûnes et des privations dont il dipensait ses disciples.

Donnons crédit à Mahomet de toutes les vertus possibles. Faisons de même pour le roi David et pour plusieurs prophètes de l'Ancien Testament, eux aussi polygames. Saluons au passage les évêques et les diacres du premier siècle de notre Église qui durent se limiter à une seule femme. Constatons cependant qu'en cette fin de siècle, toutes les grandes religions sont aux prises avec la réconciliation du message d'éternité dont elles sont porteuses et les valeurs changeantes que l'humanité découvre, péniblement, au long de sa quête de sens. Les chrétiens ont beaucoup à gagner à fraterniser davantage avec les croyantes et croyants de toutes obédiences. La vérité sur Dieu et sur les mystères qu'Il a enfouis dans la nature et dans l'esprit humain est si difficile à découvrir que le dialogue entre gens de bonne volonté ne doit pas être négligé.

Notes

1. Andrew M. Greely and Mary Greely-Durkin, *How to save the Catholic Church?*, Viking Penguin, 1984.
2. *L'Actualité religieuse*, Paris, 15 juin 1995.
3. Augustin, *La cité de Dieu*, 15,16.
4. Guy Bechtel, *La chair, le diable et le confesseur*, Plon, Paris, 1994, p. 248.
5. Jean-Paul Audet, *Revue biblique*, Paris. 1955.
6. J. Delumeau, *L'Aveu et le pardon*, Fayard, 1990, p. 151.
7. Bechtel, *op. cit.* p.181.
8. Bechtel, *op. cit.* p. 54.
9. Maurice Bellet, *Sur l'autre rive*, DDB, Paris, 1994, p. 80.
10. Uta Ranke-Heinemann, *Des eunuques pour le royaume des cieux*, Robert Laffont, p. 282.
11. Thérèse Bergeron, *L'expérience de la foi, le couple et le mariage*, p. 15. Mémoire de maîtrise, Faculté de théologie, Université Laval, 1991, Non publié.
12. Pierre de Locht, *Le rêve de Conpostelle*, p. 285.
13. Extrait d'une lettre ouverte adressée par soixante théologiens et théologiennes du Québec à l'Assemblée des évêques du Québec, à la suite de la publication de l'encyclique *Veritatis Splendor* dans laquelle le pape Jean-Paul II maintient l'interdiction de la contraception contenue dans l'encyclique *Humanae Vitae*.
14. Louis-Marie Régis o.p., Communauté chrétienne. Janvier-avril 1971.

15. Giancarlo Zizola, *Le successeur,* Desclée de Brouwer. Paris, 1995.

16. Jean-Paul Audet, *Mariage et célibat dans le service pastoral de l'Église,* Éditions de l'Orante, Paris, 1967.

17. Jean-Paul II, *De la sexualité à l'amour,* Le Sarment, Fayard, p. 64.

18. Luc Nefontaine, *L'Opus Dei,* Cerf-Fides, 1993.

19. Karl Rahner, *Schriften zur Theologie,* Vol.13, p. 99.

20. Philip. S. Kaufman, *Why You Can Disagree and Remain a Good Catholic*, Crossroad, New York, 1989.

21. Jean-Paul II, Extrait de l'exhortation apostolique *Familiaris consortio,* Éditions Paulines, 1982, p. 165.

22. André Naud, *L'Église canadienne*. Septembre 1995.

23. Philip. S. Kaufman, *op. cit.*, p. 90.

24. Bertrand Blanchet, Le magazine *Présence,* Septembre 1995.

25. Rembert Weakland, *Faith and the Human Enterprise,* Orbis Books, New York, 1992.

26. Bertrand Blanchet, *Avortement, OUI ou NON,* Humanitas, Nouvelle optique, Montréal, 1988.

27. Richard A. McCormick, s.j., *Critical Calling,* Georgetown, University Press, Washington, 1989, p. 308.

28. Jacques Gaillot, *Je prends ma liberté,* Flammarion, 1995.

29. Elizabeth A. Johnson, Extrait de *Commonweal,* Janvier 1996. Elizabeth A. Johnson est professeure de théologie à l'université Fordham, présidente de Catholic Theological Society of America et auteure de *She Who is* (Crossroad).

30. Cette vigoureuse affirmation est tirée du dernier livre du théologien André Naud *Un aggiornamento et son éclipse*, Éditions Fides, Montréal, 1996.

31. Peter Hebblethwaite, *Synod Extraordinary,* Darton Longman et Todd, Londres, 1986.

32. Jacques Gaillot, *Je prends ma liberté*, Flammarion, 1995.

33. Pierre Teilhard de Chardin, *L'Énergie humaine,* Seuil, Paris, 1962, p. 9.

34. Anne-Marie Delcambre, *Géopolitique,* Été 1993, n° 42.

35. Hani Ramadan, *La femme en Islam*, Éditions Tawhid, Lyon, 1991.

36. Jacques Jomier, *Pour connaître l'ISLAM,* Éditions du Cerf.

37. Christian Makarian, *Le Point,* Paris, 30 mars 1996.

38. Christian Makarian, *op. cit.*

Appendice

Paragraphes du
Catéchisme de l'Église catholique[*]
portant sur des questions reliées
à l'amour et à la vie sexuelle

La contraception

2366 La fécondité est un don, une *fin du mariage*, car l'amour conjugal tend naturellement à être fécond. L'enfant ne vient pas de l'extérieur s'ajouter à l'amour mutuel des époux; il surgit au cœur même de ce don mutuel, dont il est un fruit et un accomplissement. Aussi l'Église, qui «prend parti pour la vie[1]», enseigne-t-elle que «tout acte matrimonial doit rester ouvert à la transmission de la vie[2]». «Cette doctrine, plusieurs fois exposée par le Magistère, est fondée sur le lien indissoluble que Dieu a voulu et que l'homme ne peut rompre de son initiative entre les deux significations de l'acte conjugal: union et procréation[3].»

---

[*] Extraits tirés du Catéchisme de l'Église catholique. Copyright © Concacan Inc. — LIBRERIA EDITRICE VATICANA, 1993, pour l'exploitation au Canada de la traduction française.

2367 Appelés à donner la vie, les époux participent à la puissance créatrice et à la paternité de Dieu[4]. «Dans le devoir qui leur incombe de transmettre la vie et d'être des éducateurs (ce qu'il faut considérer comme leur mission propre), les époux savent qu'ils sont les *coopérateurs du Dieu créateur* et comme ses interprètes. Ils s'acquitteront donc de leur charge en toute responsabilité humaine et chrétienne[5].»

2368 Un aspect particulier de cette responsabilité concerne la *régulation des naissances*. Pour de justes raisons, les époux peuvent vouloir espacer les naissances de leurs enfants. Il leur revient de vérifier que leur désir ne relève pas de l'égoïsme mais est conforme à la juste générosité d'une paternité responsable. En outre ils régleront leur comportement suivant les critères objectifs de la moralité:

> Lorsqu'il s'agit de mettre en accord l'amour conjugal avec la transmission responsable de la vie, la moralité du comportement ne dépend pas de la seule sincérité de l'intention et de la seule appréciation des motifs; mais elle doit être déterminée selon des critères objectifs, tirés de la nature même de la personne et de ses actes, critères qui respectent, dans un contexte d'amour véritable, la signification totale d'une donation réciproque et d'une procréation à la mesure de l'homme; chose impossible si la vertu de chasteté conjugale n'est pas pratiquée d'un cœur loyal[6].

2369 «C'est en sauvegardant ces deux aspects essentiels, union et procréation, que l'acte conjugal conserve intégralement le sens de mutuel et véritable amour et son ordination à la très haute vocation de l'homme à la paternité[7].»

2370 La continence périodique, les méthodes de régulation des naissances fondées sur l'auto-observation et le recours aux périodes infécondes[8] sont conformes aux critères objectifs de la moralité. Ces méthodes respectent le corps des époux, encouragent la tendresse entre eux et favorisent l'éducation d'une liberté authentique. En revanche, est intrinsèquement mauvaise «toute action qui, soit en prévision de l'acte conjugal, soit dans son déroulement, soit dans le développement de ses conséquences naturelles, se proposerait comme but ou comme moyen de rendre impossible la procréation[9]»:

> Au langage qui exprime naturellement la donation réciproque et totale des époux, la contraception oppose un langage objectivement contradictoire selon lequel il ne s'agit plus de se donner totalement l'un à l'autre. Il en découle non seulement le refus positif de l'ouverture à la vie, mais aussi une falsification de la vérité interne de l'amour conjugal, appelé à être un don de la personne toute entière. Cette différence anthropologique et morale entre la contraception et le recours aux rythmes périodiques implique deux conceptions de la personne et de la sexualité humaine irréductibles l'une à l'autre[10].

2371 «Par ailleurs, que tous sachent bien que la vie humaine et la charge de la transmettre ne se limitent pas aux horizons de ce monde et n'y trouvent ni leur pleine dimension, ni leur plein sens, mais qu'elles sont toujours à mettre en référence avec *la destinée éternelle des hommes*[11].»

2372 L'État est responsable du bien-être des citoyens. À ce titre, il est légitime qu'il intervienne pour orienter la démographie de la population. Il peut le faire par voie d'une information objective et respectueuse, mais non point par voie autoritaire et contraignante. Il ne peut légitimement se substituer à l'initiative des époux, premiers responsables de la procréation et de l'éducation de leurs enfants[12]. Il n'est pas autorisé à favoriser des moyens de régulation démographique contraires à la morale.

NOTES
1. FC 30.
2. HV 11.
3. HV 12; cf. Pie XI, enc. «Casti connubii».
4. Cf. Ep 3, 14; Mt 23, 9.
5. GS 50, § 2.
6. GS 51, § 3.
7. HV 12.
8. Cf. HV 16.
9. HV 14.
10. FC 32.
11. GS 51, § 4.
12. Cf. HV 23; PP 37.

L'avortement

2270 La vie humaine doit être respectée et protégée de manière absolue depuis le moment de la conception. Dès le premier moment de son existence, l'être humain doit se voir reconnaître les droits de la personne, parmi lesquels le droit inviolable de tout être innocent à la vie[1].

> Avant d'être façonné dans le ventre maternel, je te connaissais. Avant ta sortie du sein, je t'ai consacré (Jr 1, 5).

> Mes os n'étaient point cachés devant toi quand je fus fait dans le secret, brodé dans les profondeurs de la terre (Ps 139, 15).

2271 Depuis le Ier siècle, l'Église a affirmé la malice morale de tout avortement provoqué. Cet enseignement n'a pas changé. Il demeure invariable. L'avortement direct, c'est-à-dire voulu comme fin ou comme un moyen, est gravement contraire à la loi morale:

> Tu ne tueras pas l'embryon par l'avortement et tu ne feras pas périr le nouveau-né[2].

> Dieu, Maître de la vie, a confié aux hommes le noble ministère de la vie, et l'homme doit s'en acquitter d'une manière digne de Lui. La vie doit donc être sauvegardée avec soin extrême dès la conception: l'avortement et l'infanticide sont des crimes abominables[3].

2272 La coopération formelle à un avortement constitue une faute grave. L'Église sanctionne d'une peine canonique d'excommunication ce délit contre la vie humaine. «Qui procure un avortement, si l'effet s'ensuit, encourt l'excommunication *latae sententiae*[4]», «par le fait même de la commission du délit[5]» et aux conditions prévues par le Droit[6]. L'Église n'entend pas ainsi restreindre le champ de la miséricorde. Elle manifeste la gravité du crime commis, le dommage irréparable causé à l'innocent mis à mort, à ses parents et à toute la société.

2273 Le droit inaliénable à la vie de tout individu humain innocent constitue un *élément constitutif de la société civile et de sa législation*:

> Les droits inaliénables de la personne devront être reconnus et respectés par la société civile et l'autorité politique. Les droits de l'homme ne dépendent ni des individus, ni des parents, et ne représentent pas même une concession de la société et de l'État; ils appartiennent à la nature humaine et son inhérents à la personne en raison de l'acte créateur dont elle tire son origine. Parmi ces droits fondamentaux, il faut nommer le droit à la vie et à l'intégrité physique de tout être humain depuis la conception jusqu'à la mort[7].

> Dans le moment où une loi positive prive une catégorie d'êtres humains de la protection que la législation civile doit leur accorder, l'État en vient à nier l'égalité de tous devant la loi. Quand l'État ne met

pas sa force au service des droits de tous les citoyens, et en particulier des plus faibles, les fondements même d'un état de droit se trouvent menacé [...]. Comme conséquence du respect et de la protection qui doivent être assurés à l'enfant dès le moment de sa conception, la loi devra prévoir des sanctions pénales appropriées pour toute violation délibérée de ses droits[8].

2274 Puisqu'il doit être traité comme une personne, dès la conception, l'embryon devra être défendu dans son intégrité, soigné et guéri, dans la mesure du possible comme tout autre être humain.

Le *diagnostic prénatal* est moralement licite, «s'il respecte la vie et l'intégrité de l'embryon et du fœtus humain, et s'il est orienté à sa sauvegarde ou à sa guérison individuelle [...]. Il est gravement en opposition avec la loi morale, quand il prévoit, en fonction des résultats, l'éventualité de provoquer un avortement. Un diagnostic ne doit pas être l'équivalent d'une sentence de mort[9].»

2275 «On doit considérer comme licites les interventions sur l'embryon humain, à condition qu'elles respectent la vie et l'intégrité de l'embryon et qu'elles ne comportent pas pour lui de risques disproportionnés, mais qu'elles visent à sa guérison, à l'amélioration de ses conditions de santé, ou à sa survie individuelle[10].»

Il est immoral de produire des embryons humains destinés à être exploités comme un matériau biologique disponible[11].

Certaines tentatives d'*intervention sur le patri-
moine chromosomique ou génétique* ne sont pas
thérapeutiques, mais tendent à la production
d'êtres humains sélectionnés selon le sexe ou
d'autres qualités préétablies. Ces manipulations
sont contraires à la dignité personnelle de l'être
humain, à son intégrité et à son identité» unique,
non réitérable[12].

NOTES
1. Cf. CDF, instr. «Donum vitæ» 1, 1.
2. Didaché 2, 2; cf. Barnabé, ep. 19, 5; Épître à
   Diognète 5, 5; Tertullien, apol. 9.
3. GS 51, § 3.
4. CIC, can. 1398.
5. CIC, can. 1314.
6. Cf. CIC, can. 1323-1324.
7. CDF, instr. «Donum vitæ» 3.
8. CDF, instr. «Donum vitæ» 3.
9. CDF, instr. «Donum vitæ» 1, 2.
10. CDF, instr. «Donum vitæ» 1, 3.
11. CDF, instr. «Donum vitæ» 1, 5.
12. CDF, instr. «Donum vitæ» 1, 6.

Légitime défense

> *Pour fin de comparaison, nous reproduisons,*
> *ci après, les paragraphes qui traitent*
> *de la légitime défense.*

2263 La défense légitime des personnes et des sociétés n'est pas une exception à l'interdit du meurtre de l'innocent que constitue l'homicide volontaire. «L'action de se défendre peut entraîner un double effet: l'un est la conservation de sa propre vie, l'autre la mort de l'agresseur. [...] L'un seulement est voulu; l'autre ne l'est pas[1].»

2264 L'amour envers soi-même demeure un principe fondamental de la moralité. Il est donc légitime de faire respecter son propre droit à la vie. Qui défend sa vie n'est pas coupable d'homicide même s'il est contraint de porter à son agresseur un coup mortel:

> Si pour se défendre on exerce une violence plus grande qu'il ne faut, ce sera illicite. Mais si l'on repousse la violence de façon mesurée, ce sera licite [...]. Et il n'est pas nécessaire au salut que l'on omette cet acte de protection mesurée pour éviter de tuer l'autre; car on est davantage tenu à veiller à sa propre vie qu'à celle d'autrui[2].

2265 La légitime défense peut être non seulement un droit, mais un devoir grave, pour celui qui est responsable de la vie d'autrui, du bien commun de la famille ou de la cité.

2266 Préserver le bien commun de la société exige la mise hors d'état de nuire de l'agresseur. À ce titre l'enseignement traditionnel de l'Église a reconnu le bien-fondé du droit et du devoir de l'autorité publique légitime de sévir par des peines proportionnées à la gravité du délit, sans exclure dans des cas d'une extrême gravité la peine de mort. Pour des raisons analogues les détenteurs de l'autorité ont le droit de repousser par les armes les agresseurs de la cité dont ils ont la charge.

> *La peine* a pour premier effet de compenser le désordre introduit par la faute. Quand cette peine est volontairement acceptée par le coupable, elle a valeur d'expiation. De plus, la peine a pour effet de préserver l'ordre public et la sécurité des personnes. Enfin, la peine a une valeur médicinale, elle doit, dans la mesure du possible, contribuer à l'amendement du coupable[3].

2267 Si les moyens non sanglants suffisent à défendre les vies humaines contre l'agresseur et à protéger l'ordre public et la sécurité des personnes, l'autorité s'en tiendra à ces moyens, parce que ceux-ci correspondent mieux aux conditions concrètes du bien commun et sont plus conformes à la dignité de la personne humaine.

NOTES
1.   S. Thomas d'A., s. th. 2-2, 64, 7.
2.   S. Thomas d'A., s. th. 2-2, 64, 7.
3.   Cf. Lc 23, 40-43.

Le divorce

2382 Le Seigneur Jésus a insisté sur l'intention originelle du Créateur qui voulait un mariage indissoluble[1]. Il abroge les tolérances qui s'étaient glissées dans la Loi ancienne[2].

> Entre baptisés catholiques, «le mariage conclu et consommé ne peut être dissous par aucune puissance humaine ni pour aucune cause, sauf par la mort[3]».

2383 La *séparation* des époux avec maintien du lien matrimonial peut être légitime en certains cas prévus par le Droit canonique[4].

> Si le divorce civil reste la seule manière possible d'assurer certains droits légitimes, le soin des enfants ou la défense du patrimoine, il peut être toléré sans constituer une faute morale.

2384 Le *divorce* est une offense grave à la loi naturelle. Il prétend briser le contrat librement consenti par les époux de vivre l'un avec l'autre jusqu'à la mort. Le divorce fait injure à l'alliance de salut dont le mariage sacramentel est le signe. Le fait de contracter une nouvelle union, fût-elle reconnue par la loi civile, ajoute à la gravité de la rupture: le conjoint remarié se trouve alors en situation d'adultère public et permanent:

> Si le mari, après s'être séparé de sa femme, s'approche d'une autre femme, il est lui-même

adultère, parce qu'il fait commettre un adultère à cette femme; et la femme qui habite avec lui est adultère, parce qu'elle a attiré à elle le mari d'une autre[5].

2385 Le divorce tient aussi son caractère immoral du désordre qu'il introduit dans la cellule familiale et dans la société. Ce désordre entraîne des préjudices graves; pour le conjoint, qui se trouve abandonné; pour les enfants, traumatisés par la séparation des parents, et souvent tiraillés entre eux; pour son effet de contagion, qui en fait une véritable plaie sociale.

2386 Il se peut que l'un des conjoints soit la victime innocente du divorce prononcé par la loi civile; il ne contrevient pas alors au précepte moral. Il existe une différence considérable entre le conjoint qui s'est efforcé avec sincérité d'être fidèle au sacrement du Mariage et se voit injustement abandonné, et celui qui, par une faute grave de sa part, détruit un mariage canoniquement valide[6].

NOTES
1. Cf. Mt 5, 31-32; 19, 3-9; Mc 10, 9; Lc 16, 18; 1 Co 7, 10-11.
2. Cf. Mt 19, 7-9.
3. CIC, can. 1141.
4. Cf. CIC, can. 1151-1155.
5. S. Basile, moral. règle 73.
6. Cf. FC 84.

La chasteté et l'homosexualité

2357 L'homosexualité désigne les relations entre des hommes ou des femmes qui éprouvent une attirance sexuelle, exclusive ou prédominante, envers des personnes du même sexe. Elle revêt des formes très variables à travers les siècles et les cultures. Sa genèse psychique reste largement inexpliquée. S'appuyant sur la Sainte Écriture, qui les présente comme des dépravations graves[1], la Tradition a toujours déclaré que «les actes d'homosexualité sont intrinsèquement désordonnés[2]». Ils sont contraires à la loi naturelle. Ils ferment l'acte sexuel au don de la vie. Ils ne procèdent pas d'une complémentarité affective et sexuelle véritable. Ils ne sauraient recevoir d'approbation en aucun cas.

2358 Un nombre non négligeable d'hommes et de femmes présentent des tendances homosexuelles foncières. Ils ne choisissent pas leur condition homosexuelle; elle constitue pour la plupart d'entre eux une épreuve. Ils doivent être accueillis avec respect, compassion et délicatesse. On évitera à leur égard toute marque de discrimination injuste. Ces personnes sont appelées à réaliser la volonté de Dieu dans leur vie, et si elles sont chrétiennes, à unir au sacrifice de la Croix du Seigneur les difficultés qu'elles peuvent rencontrer du fait de leur condition.

2359 Les personnes homosexuelles sont appelées à la chasteté. Par les vertus de maîtrise, éducatrices de la liberté intérieure, quelquefois par le soutien d'une amitié désintéressée, par la prière et la grâce sacramentelle, elles peuvent et doivent se rapprocher, graduellement et résolument, de la perfection chrétienne.

NOTES

1. Cf. Gn 19, 1-29; Rm 1, 24-27; 1 Co 6, 10; 1 Tm 1, 10.
2. CDF, décl. «Persona humana» 8.

Du même auteur

1994 *The Empty Cathedral*, Robert Davies Publishing.

1994 *En quoi l'Église doit-elle changer?*, Éditions Fides.

1992 *L'Église a-t-elle abandonné les croyants?*, Éditions Paulines.

1988 *Les temps changent*, Éditions Fides.

1987 *Entre deux fêtes*, Éditions Stanké.

1985 *L'Éducation des adultes*, Éditions du Boréal.

1968 *Québec, mes amours*, Éditions Beauchemin.

1968 *Réflexions d'un citoyen*, Cahiers de Cité Libre.

1966 *Les adultes à l'école*, Éditions du Jour.

1963 *En grève* (En collaboration), Éditions du Jour.

1961 *Comment joindre les deux bouts* (avec Roland Parenteau), Éditions du Jour.

1960 *La lutte ouvrière*, Éditions de l'Homme.